Genesis Talavera
Cristel Maradiaga
Carlos Mendoza Jacomino

La vigilancia y el panóptico en la era digital

Genesis Talavera
Cristel Maradiaga
Carlos Mendoza Jacomino

La vigilancia y el panóptico en la era digital

De una concepción física a una práctica omnipresente en el entorno digital

Editorial Académica Española

Imprint

Any brand names and product names mentioned in this book are subject to trademark, brand or patent protection and are trademarks or registered trademarks of their respective holders. The use of brand names, product names, common names, trade names, product descriptions etc. even without a particular marking in this work is in no way to be construed to mean that such names may be regarded as unrestricted in respect of trademark and brand protection legislation and could thus be used by anyone.

Cover image: www.ingimage.com

Publisher:
Editorial Académica Española
is a trademark of
Dodo Books Indian Ocean Ltd. and OmniScriptum S.R.L publishing group

120 High Road, East Finchley, London, N2 9ED, United Kingdom
Str. Armeneasca 28/1, office 1, Chisinau MD-2012, Republic of Moldova, Europe
Managing Directors: Ieva Konstantinova, Victoria Ursu
info@omniscriptum.com

Printed at: see last page
ISBN: 978-620-2-16084-1

LA VIGILANCIA Y EL PANÓPTICO EN LA ERA DÍGITAL

GÉNESIS TALAVERA
CRISTEL MARADIAGA
CARLOS MENDOZA
JACOMINO

'El saber es el único espacio de libertad del ser'

-Michel Foucault.

Agradecimientos

Queremos expresar nuestro más sincero agradecimiento a todas las personas que hicieron posible la realización de este libro. En primer lugar, agradecemos a nuestras familias por su apoyo incondicional y por haber creído en nosotros a lo largo de este proceso. Su paciencia, amor y motivación nos han impulsado a seguir adelante, incluso en los momentos más desafiantes. Un agradecimiento especial a nuestras mascotas Pololo, y Blue por estar presentes en la creación del presente libro.. A nuestras madres Wendy y Marjorie, quienes siempre han estado a nuestro lado demostrandonos su apoyo incondicional y amor. A nuestros amigos, quienes han sido una fuente constante de inspiración, retroalimentación y apoyo. Gracias por compartir sus pensamientos y apoyarnos en cada paso en la creación de este libro, cada palabra de ustedes fueron importantes para darnos la fortaleza de seguir adelante con este proyecto y poner en práctica la ley de parkinson de manera académica. Sus opiniones y críticas constructivas han enriquecido nuestro trabajo y nos han ayudado a crecer.

Además, extendemos nuestro agradecimiento a nuestro maestro Carlos Mendoza Jacomino, quien nos enseñó a apreciar la escritura, a desarrollar nuestras voces y a ampliar nuestros conocimientos sin vacilación. Su sabiduría y orientación han dejado una huella perdurable en nuestro camino como futuras profesionales.

Por último, pero no menos importante, agradecemos a nuestros lectores de antemano. Esperamos que lo que estamos compartiendo en el presente libro sea de su agrado y les inspire a aprender e investigar, tanto como nos inspiró a nosotras.

Con gratitud,

Génesis Talavera y Cristel Maradiaga.

Índice

En la era digital, la noción de vigilancia ha adquirido nuevas dimensiones, transformándose en un fenómeno omnipresente que permea todos los aspectos de la vida cotidiana. Desde el auge de las redes sociales hasta la proliferación de dispositivos conectados, la capacidad de observar y analizar el comportamiento humano ha evolucionado más allá de los límites tradicionales. El concepto del panóptico, formulado por Jeremy Bentham y ajustado por Michael Foucault, ofrece un marco teórico valioso para entender la realidad contemporánea. En su aspecto, el panóptico representa una estructura de control en la que los individuos son constantemente observados, lo que afecta su comportamiento, y en última instancia, su identidad.

En este contexto, la vigilancia digital se manifiesta no sólo a través de la recopilación de datos, sino también mediante la auto-vigilancia inducida por la interacción con plataformas digitales. Los usuarios, conscientes de ser observados, ajustan su comportamiento para alinearse con las expectativas sociales, generando un ciclo de control que perpetúa la normatividad. A medida que la tecnología avanza, la línea entre la vigilancia y la participación se vuelve difusa, planteando preguntas cruciales sobre la privacidad, la autonomía y la construcción de la identidad en un mundo cada vez más interconectado.

El presente libro busca explorar cómo el concepto del panóptico se aplica en la vigilancia digital actual, considerando sus implicaciones éticas y sociales, así como el impacto en la forma en que los individuos se perciben a sí mismos y a los demás. A través de esta reflexión, se pretende ofrecer una comprensión profunda de cómo la vigilancia digital no solo afecta la conducta individual, sino que también reconfigura las dinámicas de poder en la sociedad moderna.

ÓRIGENES DEL PANÓPTICO

Capítulo 1: Orígenes del panóptico: De Bentham a Foucault

Según Gutiérrez Zurdo (2019), el panóptico nace a partir de querer reformar la arquitectura carcelaria, fue previo a Bentham. Los precursores de esta nueva concepción arquitectónica fueron arquitectos con la idea de referenciar una misma arquitectura circular en donde los sujetos están individualmente aislados a plena luz.

La idea del panóptico de Bentham nació a raíz de una visita de su hermano, Samuel Bentham, que posteriormente acabó formulando y construyendo el modelo aplicado a la arquitectura carcelaria al cual se refiere como 'huevo de Colón', y bautizó como 'panóptico': del prefijo griego Pan- (παν) que significa "totalidad" y la palabra griega óptico (ὀπτικός) que quiere decir "el ojo que todo lo ve".

La idea principal del panóptico consistía en encontrar la forma de resolver los problemas de vigilancia a través del planteamiento de que un solo individuo pudiese vigilar a todo el mundo; el ojo que todo lo ve según menciona Gutiérrez Zurdo (2019). Por tanto, señalar el poder se ejerce por medio de este nuevo tipo de mirada: una mirada omnisciente, centralizada, dominadora y vigilante que garantiza la transparencia y la visibilidad.

Según Foucault (1980) señala que Bentham plantea el problema de la visibilidad pensando en una visibilidad totalmente organizada dentro de una misma mirada dominadora y vigilante. Es por ello que se dice que la idea que animó a Bentham para la construcción de un sistema carcelario era resolver el problema de vigilancia. Es decir, que un sólo hombre tuviese un solo poder de vigilancia que superara las fuerzas reunidas en gran cantidad.

Siguiendo con la idea de Gutiérrez Zurdo (2019), se puede definir aproximadamente el panóptico de Bentham como un lugar en el que corresponde una forma de completa vigilancia puesta en práctica en una arquitectura carcelaria y para uso penitenciario.

1.1 El diseño arquitectónico del panóptico de Jeremy Bentham

El modelo del panóptico es descrito de la siguiente manera: Tiene una disposición circular en un eje central que sitúa una torre en la que se encuentra el vigilante que tiene la capacidad de vigilar y supervisar visualmente todas las celdas ocultándose detrás de cortinillas. En realidad, esta estructura le permite al vigilante acechar y velar toda el área con la ventaja que los reclusos no se den cuenta de que están siendo vigilados, creando un estado consciente de visibilidad absoluta, y de que pueden ver sin ser percibidos. De esta manera, se establece una situación de poder en la que el mismo observado es quien aporta ese poder.

Alrededor de la torre se ubican las celdas de los prisioneros, individuales, separadas unas de otras y completamente iluminadas, sin ningún punto de sombra, pues tienen dos ventanas: una abierta hacia el interior (de la torre) y la otra hacia el exterior para que entre la luz a la celda. Con el objetivo de asegurar el buen comportamiento de los reclusos, y aumentar la seguridad al menor coste posible, pues se requerirían menos empleados que vigilaran a los prisioneros.

Figura 1

Imagen del diseño arquitectónico del panóptico.

Fuente: Pinterest.

El panóptico se basa en el control a través de la observación. Los individuos dentro del panóptico están completamente expuestos a la mirada del vigilante. La torre de vigilancia está diseñada de tal manera que el vigilante puede observar todo sin ser visto. Así, el panóptico actúa como una máquina que separa las experiencias de observar y ser observado; fuera de la torre, uno es totalmente visible sin poder ver; en la torre central, se tiene una visión completa sin ser percibido.

El impacto principal de este modelo disciplinario radica en inducir al prisionero a un estado constante de visibilidad, lo que asegura el funcionamiento automático del poder. Aunque el vigilante no esté presente o esté observando a otro recluso, el prisionero no puede saberlo, lo que significa que ignora cuándo está siendo observado y no tiene manera de averiguarlo. Esta asimetría de información en la relación entre el vigilante y prisionero se conoce como disociación de la mirada, que Foucault (1980) la introduce en 'El ojo del poder'. El objetivo del panóptico es que el prisionero se vea obligado a comportarse de buena manera ya que, corre el riesgo de ser castigado por un mal comportamiento, por lo que, tenderá a mantener una actitud correcta y obediente a las normas impuestas. Por tanto, su efectividad no se basa en el aislamiento o en el castigo, sino en generar un estado consciente y permanente de visibilidad que lleve al sujeto a someterse a las coacciones del poder por su propia voluntad.

Como se mencionaba con anterioridad, Foucault (1980) introduce tres componentes fundamentales para el funcionamiento del panóptico: la conciencia de la vigilancia, la disociación de la mirada y el aislamiento.

El primer componente, la conciencia de la vigilancia, se refiere a un individuo que siente que está siendo observado constantemente por un poder inverificable. Esto lleva a comportarse de manera correcta bajo la influencia de una mirada autoritaria. Esta forma de dominación refleja una clara superioridad que se manifiesta tanto en la percepción de los sujetos como en sus acciones.

La disociación de la mirada, como relataba anteriormente, establece dos áreas claramente diferenciadas: la torre, desde donde se observa sin ser visto, y las celdas, desde donde el individuo es constantemente observado sin poder saber si está siendo vigilado. Por último, el aislamiento al que son sometidos los sujetos se debe a la reducción de contactos innecesarios. Es decir, se separa y se clasifica al individuo de manera individual para que el poder de la mirada pueda ejercer su influencia de manera efectiva, ya que no puede aplicarse de igual forma a un individuo aislado, que a un grupo.

1.2 La reinterpretación del panóptico por Michel Foucault: Vigilancia y disciplina.

Foucault toma la idea del panóptico como un dispositivo de vigilancia implementado en todo tipo de instituciones (escuelas, fábricas, hospitales) con el fin de establecer sistemas disciplinarios. En su libro, Vigilar y castigar, Foucault (2002) menciona que el panóptico funciona como un modelo generalizable que define las relaciones de poder en la vida cotidiana del hombre. De esta manera las escuelas, hospitales, cárceles y la sociedad rigen y moldean el pensamiento, lo construyen bajo normas subjetivas implantadas creando ciudadanos que pueden ser observados, conformando sociedades disciplinarias.

Se dice que el esquema panóptico es ideal para imponer conductas a una sociedad, una forma de hacer funcionar las relaciones de poder. El poder omnisciente y la vigilancia crean en el individuo autocontrol en la manera de comportarse; su eficacia se solidifica en la acción del ver sin ser visto. Para Foucault, el poder del panóptico crea sujetos automatizados e individualizados, que son observados. No obstante, desconociendo al vigilante. El dispositivo borra singularidades e impone homogeneización, tiene la posibilidad de organizar, clasificar, utilizar, reconocer a sus observadores para garantizar el control.

El panóptico es una máquina que crea y sostiene una relación de poder sin relevancia en el sujeto que lo ejerce. Para Foucault (2002) el panóptico puede ser utilizado como una máquina para crear experiencias y modificar el comportamiento de los individuos, experimentar con ellos, analizar las transformaciones y obtener información.

El fin del panoptismo son las relaciones de disciplina y es el principio general de la nueva anatomía política. Foucault sitúa las disciplinas desde dos imágenes extremas; por un lado, está la disciplina-bloqueo, que se refiere a las instituciones cerradas, con funciones negativas como detener el mal o romper comunicaciones, como la cuarentena. Y el otro, sitúa al panoptismo, la disciplina-mecanismo, un dispositivo que mejora el funcionamiento del poder, volviéndolo más rápido, ágil, ejerciendo coerción de manera sutil hacia la sociedad. De este modo, la formación de una sociedad disciplinada está originando una productividad alta, centralización, aceptación de las normas y pensamientos impuestos por quien tiene el poder.

El dispositivo de vigilancia es, con ello, la relación entre el poder y el discurso para producir subjetividades, verdades, discursos y demás, para producir identidades. Podría decirse que el dispositivo es la combinación que conforma los elementos y las relaciones que hacen que funcione el control, en pocas palabras, es la red. La producción de subjetividades va acorde a la conveniencia de quien ejerce ese poder.

En la era digital, el panóptico no se limita a una estructura física de control, sino que se manifiesta a través de plataformas como Facebook, Instagram, y X (Twitter), donde los usuarios participan activamente en un sistema de vigilancia mutua. Estas redes sociales actúan como micro-panópticos, donde cada individuo no solo es observado, sino que también se convierte en observador, contribuyendo así a un ciclo de control social que se retroalimenta.

1.3 Evolución de las tecnologías de control desde la modernidad.

La transición del panóptico físico a un sistema digital comenzó con el auge de las tecnologías de la información durante el siglo XX. Herramientas como las cámaras de vigilancia, las bases de datos centralizadas y las primeras redes computacionales se convirtieron en los pilares de una nueva arquitectura de control, en lugar de la supervisión directa en espacios cerrados, estas tecnologías introdujeron una vigilancia distribuida, eficiente y global.

Desde finales del siglo XX, el control electrónico del rendimiento (EPM) ha sido adoptado ampliamente en entornos laborales para monitorizar el desempeño de los empleados. Estas tecnologías permiten una supervisión sistemática y continua, facilitando la identificación de necesidades de formación y mejorando la productividad. OSHA (2022) plantea que los empleados cuentan con muchos beneficios registrados de la EPM tales como la ayuda a detectar necesidades de formación, facilita la definición de objetivos, traduce mejoras de la productividad, facilita el teletrabajo y el horario flexible, contribuye a la planificación de recursos, entre otros.

A pesar que estas tecnologías controlan el rendimiento de los empleados, realmente no se preocupan por el bienestar o la privacidad de los mismos; pues, OSHA (2022) dice que se ha asociado una serie de desventajas como las siguientes: constituir una violación de la esfera privada; aumento de niveles de estrés y la posibilidad de que el estado de salud empeore a largo plazo, reduce los niveles de satisfacción y moral, reduce el contacto entre trabajadores y supervisores, al igual que el contacto entre compañeros de trabajo, etc.

Fleischer en Altium (2024), plantea que los Sistemas de Control Industrial (ICS) son la columna vertebral de la industria moderna, desempeñando un papel crucial en la operación y gestión de muchos procesos. A través de una combinación de software y hardware, estos sistemas monitorean y regulan maquinaria, líneas de producción y otras actividades. También, menciona que en el panorama tecnológico que evoluciona rápidamente de hoy, tanto la naturaleza de los sistemas de control industrial como sus componentes integrales están avanzando constantemente y subraya la importancia de que los ingenieros electrónicos permanezcan informados sobre las últimas tendencias, tecnologías e innovaciones de componentes.

Los Sistemas de Control y Adquisición de Datos (SCADA) han evolucionado para gestionar procesos industriales complejos. Estos sistemas permiten la supervisión remota y el control de infraestructuras críticas como redes eléctricas y plantas de tratamiento de agua, integrando tecnologías avanzadas para una gestión eficiente. Existe gran variedad de formatos especializados para satisfacer necesidades específicas dentro de la vasta extensión de operaciones industriales. Según Altium (2024) uno de los pilares de este dominio es el Controlador Lógico Programable (PLC). Los PLCs son computadoras robustas diseñadas explícitamente para entornos industriales, desempeñando un papel instrumental en el control de una miríada de procesos de fabricación.

De igual manera, Altium (2024) menciona otro tipo crítico de sistema en el panorama de control industrial es el Sistema de Control Distribuido (DCS). Diseñado para atender procesos dentro de áreas o instalaciones distintas. La capacidad de los DCS es potenciada por procesadores de alta velocidad, módulos de comunicación redundantes, y la integración de chips de IA, que permiten realizar tareas analíticas sofisticadas. Una vez dicho esto, se puede decir que existen tendencias influyentes que dan forma al control industrial actualmente pues han tenido existencia durante más de un siglo.

La incorporación del Internet de las Cosas (loT) ha revolucionado el panorama del control industrial al permitir que dispositivos conectados recopilen y compartan datos en tiempo real. Esto mejora la eficiencia operativa y permite un monitoreo más detallado y personalizado, lo que refleja una evolución hacia sistemas más inteligentes y adaptativos. De igual manera, permite a los ingenieros electrónicos implementar sistemas inteligentes y conectados para recopilar datos en tiempo real y lograr capacidades de monitoreo y control.

Asimismo, el control de accesos moderno ha evolucionado desde cerraduras mecánicas hasta soluciones digitales avanzadas que incluyen autenticación biométrica y plataformas basadas en la nube.

La evolución tecnológica en el control ha tenido un impacto profundo en la identidad social y personal. La vigilancia constante puede llevar a una internalización de normas sociales donde los individuos ajustan su comportamiento según lo que creen que es observado. Esto genera una dinámica donde la identidad se ve influenciada por el deseo de conformidad con las expectativas sociales impuestas por estas tecnologías.

Además, el uso creciente de tecnologías que monitorean aspectos personales plantea interrogantes sobre la privacidad. Dispositivos portátiles que rastrean salud y bienestar son ejemplos claros del potencial para controlar no solo comportamientos laborales sino también estilos de vida individuales.

La evolución de las tecnologías de control desde la modernidad refleja un cambio significativo en cómo las sociedades gestionan tanto a los individuos como a los sistemas organizacionales. Desde los modelos panópticos tradicionales hasta las innovaciones actuales impulsadas por IA e loT, estas tecnologías continúan moldeando nuestras experiencias diarias y nuestras identidades en un mundo cada vez más interconectado y vigilante.

Por su parte, las redes sociales representan un salto cuántico en la evolución del panóptico. En lugar de ser vigilados exclusivamente por instituciones externas, los usuarios se convierten en participantes activos de su propia vigilancia. Al compartir datos, ubicaciones, intereses y relaciones, las plataformas crean un 'panóptico invertido' donde las personas contribuyen voluntariamente a su monitoreo.

EL PANÓPTÍCO DIGITAL

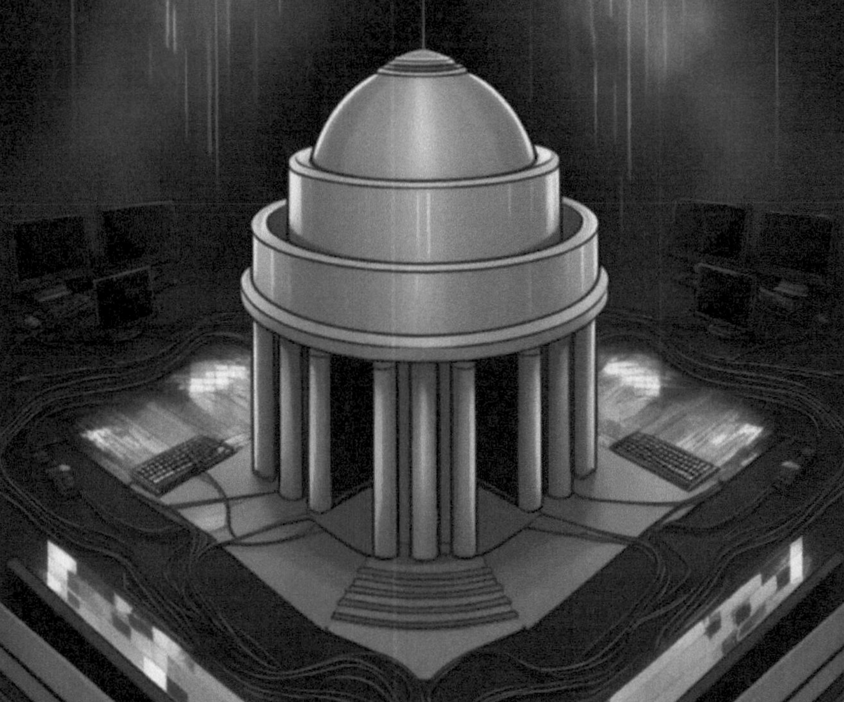

Capítulo 2: El panóptico digital

El panóptico digital es un término vinculado al nacimiento de la sociedad de la información; es decir, junto a las reflexiones sobre cómo las nuevas tecnologías hacen posible y facilitan la captura de datos de los usuarios. En cuanto a sus principales características hemos de puntualizar que ya no existe el poder de la mirada del vigilante desde una perspectiva central y sin ser visto, sino que el panóptico digital posee una mayor profundidad y capacidad de captación de información que se ve reflejada en el trabajo multi-perspectiva. Todos los sujetos adquieren el rol de vigilantes y al mismo tiempo son vigilados; ahora la observación se produce desde todos los ángulos dándose una vigilancia cruzada e ilimitada. La iluminación que proviene desde todos los ángulos hace posible la eliminación de los puntos ciegos: ya nada pasa desapercibido, pues es un sistema transparente.

2.1 Definición del panóptico digital

García y García (2019) cita a Byung-Chul Han, en El enjambre (2016) que habla del panóptico, pero ahora en un sentido digital. En este sentido trasciende la sociedad disciplinaria de Foucault. Sobre esta nueva manifestación del panóptico señala que 'La sociedad digital de la vigilancia muestra una especial estructura panóptica. El panóptico de Bentham consta de celdas aisladas entre sí. Los residentes no pueden comunicarse entre ellos. Los muros hacen que los residentes no puedan verse. Con el fin de mejorar, son expuestos a la soledad. En cambio, los habitantes del panóptico digital crean una red y se comunican intensamente entre ellos. Lo que hace posible el control total no es el aislamiento espacial y comunicativo, sino el enlace en red y la hipercomunicación.'

2.2 1984

Gutiérrez Zurdo (2019) relata un breve resumen de la novela 1984 de George Orwell, menciona que la historia de Orwell tiene lugar en Oceanía, una de las tres superpotencias mundiales en donde los ciudadanos siguen una estructura jerárquica piramidal: en la cúspide de esta se encuentra el Gran Hermano, encargado de vigilar sin cesar mediante los dispositivos tecnológicos denominados tele-pantallas o desde los múltiples ojos de los carteles con este rostro observando y escuchando todos los espacios de la vida cotidiana de cada sujeto (calles, lugares de trabajo, hogares, etc.). Al mismo tiempo, la figura del Gran Hermano nunca se llega a representar en persona, sino que se trata de la idea de una mirada; una mirada que todo lo alcanza y por lo tanto una mirada que impide que haya intimidad alguna.

Gutiérrez Zurdo (2019) dice que la trama principal del libro gira en torno a la vida de Winston Smith y a sus intentos de rebelión ante el sistema. Se trata de un trabajador del Ministerio de la Verdad cuya función se basa en reescribir o manipular la historia para transformarla conforme a los intereses del estado. Del mismo modo, hay otros tres ministerios que velan por este gran poder: el Ministerio del Amor (encargado de administrar los castigos y martirios), el Ministerio de la Paz (encargado de llevar a cabo los asuntos relacionados con la guerra poniendo el foco en el odio y el miedo hacia el exterior) y el Ministerio de la Abundancia (encargado de las tareas económicas y del racionamiento).

El relato da un giro cuando *Winston* conoce a *Julia* y entablan una relación amorosa ya que, posteriormente, juntos se convertirán en un símbolo de rebelión anti-sistema tratando de luchar contra el Gran Hermano. Personas como ellas, con instintos de rebeldía, se agrupan en secreto formando una sociedad y tienen como ídolo a Goldstein, enemigo principal del Partido. Los protagonistas, al ser descubiertos, son encerrados por la Policía del Pensamiento y sometidos a numerosas torturas en el Ministerio del Amor; en donde acaban por aceptar que la verdad es aquello que dice el Partido y no lo que piensan o lo que desean. Tras salir de sus estados de reclusión la pareja se reencuentra, pero no poseen sentimientos de afecto ni de amor el uno por el otro. Han sido vencidos; el Partido ha conseguido ganar esa batalla reemplazando ese amor por el amor hacia el Gran Hermano.

El libro retoma el concepto del panóptico, pues reitera el planteamiento de una mirada como poder absoluto, como lo es el Gran Hermano, que es omnipresente y cuyo control se ejerce a través de telepantallas y carteles ya que de esa manera lo observa todo sin ser visto, y lleva a cabo la represión. Al no ser representado como una figura concreta, se puede inferir que es una invención o una abstracción utilizada para dominar; similar al vigilante en la torre de la prisión, pues los prisioneros no eran conscientes si había alguien o no.

Sin embargo, en ambos escenarios, la noción del poder se expande de un sujeto a otro, estableciéndose profundamente en cada uno de ellos como una sumisión fiel, casi inquebrantable, que generalmente era motivada por el miedo a ser descubiertos por el Gran Hermano que los vigila para generar mayor volumen de las masas. Además, la eficacia del poder se basa en la visibilidad, ya que el sujeto tiende a auto-someterse, sin saber si está siendo observado en ese momento pues incrementa la productividad y fomenta una sociedad disciplinaria que busca corregir a los individuos.

La sociedad actual se asemeja a un gran hermano silencioso, encargado de vigilar sin cesar mediante los dispositivos tecnológicos observando y escuchando los espacios de la vida cotidiana de cada sujeto (calles, lugares de trabajo, hogares, etc.), que sirve como espacio de acumulamiento de un infinidad de aspectos en el que se registra absolutamente todo; desde la edad, sexo, residencia, profesión, perfiles de usuarios, ubicación en tiempo real, ocio, intereses, comprar, hasta los gustos más personales de cada uno. Esta información corresponde a lo que millones de personas de todas las partes del mundo han ido depositando; por lo que hablamos de un volumen de cifras enormemente alto. Por tanto, como señala Fernández (2017), las principales características de este método de acopio de datos podrían resumirse en: volumen, variedad, veracidad y velocidad.

2.3 Comparación entre el panóptico clásico y el digital

La comparación entre el panóptico clásico de Bentham y el panóptico digital contemporáneo revela diferencias significativas en la naturaleza de la vigilancia y el control social. En el modelo original del panóptico, los prisioneros eran conscientes de que podían ser observados en todo momento. Esta vigilancia constante fomentaba una disciplina interna, ya que los reclusos ajustaban su comportamiento al saber que estaban bajo la mirada de un guardián invisible. La estructura del panóptico creaba un ambiente de control directo, donde la percepción de ser visto actuaba como un mecanismo de autoridad.

En contraste, el panóptico digital opera en un contexto donde las personas se sienten libres mientras comparten activamente aspectos de su vida personal en plataformas de redes sociales. Este fenómeno de exhibicionismo digital se manifiesta en la búsqueda de atención y validación social, donde la exposición personal se convierte en un medio para obtener reconocimiento. Sin embargo, esta aparente libertad es engañosa. A diferencia del panóptico clásico, donde la vigilancia era explícita, en el entorno digital, el control es sutil y omnipresente, ya que los usuarios participan voluntariamente en su propia vigilancia al compartir información personal sin la debida reflexión.

La interacción con plataformas digitales fomenta un proceso de auto-vigilancia, donde los individuos ajustan su comportamiento y su auto-representación en función de las normas y expectativas sociales que perciben. Como señala Ramonet (2016), aunque el acceso a Internet puede ampliar las libertades individuales, también proporciona a los gobiernos y corporaciones herramientas para llevar a cabo una vigilancia masiva, interceptando comunicaciones y rastreando actividades en la red. Esta dualidad resalta cómo el poder se ejerce de manera camuflada, donde la privacidad se convierte en un lujo cada vez más escaso.

La recopilación masiva de datos y el análisis algorítmico, características del panóptico digital, permiten a las plataformas manipular percepciones y comportamientos de formas que los usuarios no siempre comprenden completamente. Se crea un fenómeno colaborativo de vigilancia en el que cada individuo, al compartir datos, contribuye al sistema que los controla. Esto plantea serias preguntas éticas sobre la autonomía y la identidad en la era digital, ya que la capacidad de los usuarios para actuar libremente se ve comprometida por un entorno que constantemente los observa y evalúa. La vigilancia digital, por lo tanto, no sólo refleja un cambio en los métodos de control, sino que también transforma la relación entre el individuo y el poder en la sociedad contemporánea.

CAPÍTULO
3
LA
VIGIILANCIA
DIGITAL

Capítulo 3: La vigilancia digital

La vigilancia digital se refiere a la práctica de monitorear y recopilar información sobre las actividades de los usuarios en entornos digitales. Esta vigilancia puede ser llevada a cabo por diversas entidades, incluyendo gobiernos, corporaciones y organizaciones sin fines de lucro, utilizando tecnologías avanzadas para rastrear, analizar y almacenar datos. A menudo, se manifiesta a través de la recopilación de datos personales, el seguimiento de comportamientos en línea y la monitorización de la comunicación digital.

Con el advenimiento de la era digital, la capacidad para recopilar y procesar grandes volúmenes de datos ha crecido exponencialmente. Las herramientas como cookies y algoritmos de análisis permiten a las entidades observar el comportamiento de los usuarios en tiempo real. Según Zuboff (2020), 'la vigilancia se ha convertido en una nueva forma de control social que captura la experiencia humana para la economía de la vigilancia'.

Muchos gobiernos justifican la vigilancia digital en nombre de la seguridad nacional. De igual manera, las empresas utilizan la vigilancia para personalizar la experiencia del usuarios, lo que permite mejorar su entorno de inversión. En La era del capitalismo de vigilancia: la lucha por un futuro humano en la nueva frontera del poder, Zuboff amplía esta definición al incluir la dimensión económica. Para ella, la vigilancia digital no solo opera en la esfera del control estatal, sino también como una herramienta central en el modelo económico de empresas tecnológicas. Zuboff (2020), 'La vigilancia digital se ha convertido en una nueva forma de acumulación de capital, donde cada acción digitalizable genera datos que son explotados para predecir y manipular comportamientos'.

Por su parte, Ramonet et. al (2016) afirma que de alguna manera, la vigilancia se ha 'privatizado y democratizado'. Ya no es exclusiva de los servicios de inteligencia gubernamentales. Además, debido a las estrechas colaboraciones entre los Estados y las grandes corporaciones que lideran las industrias de la informática y las telecomunicaciones, la capacidad para llevar a cabo espionaje masivo ha aumentado significativamente.

En una entrevista con el fundador de WikiLeaks, afirma que las distintas empresas como Google, Apple, Microsoft, Amazon y recientemente Facebook, han establecido conexiones con el aparato del Estado de Washington, especialmente con los responsables de política exterior. Dicha conexión se mantiene en evidencia, pues comparten las mismas ideas políticas y tienen una visión igual del mundo. Como última instancia, el vínculo y la visión del mundo con Google y la administración estadounidense están al servicio de los objetivos de la política exterior de EEUU.

Dicha alianza sin antecedente del estado, el aparato militar de seguridad y las industrias gigantes de la web ha creado un imperio de vigilancia, el cual el objetivo es directo. Poner Internet bajo su mando.

3.1 Definición de la vigilancia digital

Bartolomé (2021) dice que la vigilancia digital se refiere a la observación de informaciones personales de forma intencional, rutinaria y sistemática con fines de control, derecho y legitimidad, gestión, influencia o protección. Aunque esta actividad dista de ser nueva, sus formas y métodos se han adaptado a las nuevas posibilidades tecnológicas, empleando el Big Data y la IA para identificar y reconocer patrones de comportamiento, de forma automática y masiva.

La vigilancia digital implica la detección, análisis y seguimiento de información que puede ser potencialmente perjudicial. Esto incluye la identificación de actividades sospechosas en redes, el monitoreo de la reputación en línea y la protección contra ciberataques. La vigilancia digital utiliza diversas herramientas tecnológicas, como sistemas de detección de intrusiones (IDS), análisis de comportamiento y monitoreo de redes sociales, para ofrecer una visión integral del estado de seguridad de una organización.

La recopilación masiva de datos personales ha transformado la noción de privacidad en un lujo. Las plataformas digitales, al capturar información sobre comportamientos, preferencias e interacciones, crean perfiles detallados de los usuarios sin su pleno consentimiento. Esta situación no sólo infringe el derecho a la privacidad, sino que también genera un estado de vigilancia casi omnipresente donde los individuos son constantemente observados y analizados. Como señala Zuboff (2020), esta falta de privacidad puede llevar a una normalización de la vigilancia, donde los usuarios aceptan sin cuestionar el control que se ejerce sobre ellos.

La vigilancia digital también afecta las normas sociales al establecer un marco donde ciertos comportamientos son normalizados y otros penalizados. La presión para conformarse a estas normas puede llevar a una homogeneización del pensamiento y comportamiento, limitando la diversidad y creatividad individual. El panóptico digital actúa como un dispositivo que refuerza las jerarquías sociales existentes y perpetúa relaciones de poder desiguales.

En la sociedad moderna, donde las Tecnologías de la Información y la Comunicación (TIC) son omnipresentes, la vigilancia digital intensifica la percepción que tienen los usuarios sobre sí mismos y de los demás. Las redes sociales, por ejemplo, crean un espacio donde los individuos se convierten en observadores y observados simultáneamente. La necesidad de presentar una imagen 'ideal' ante los demás puede llevar a una constante comparación y evaluación personal, afectando la autoestima y la salud mental.

La vigilancia digital también afecta cómo los individuos perciben a los demás. La disponibilidad constante de información personal y la capacidad de observar las interacciones ajenas generan un entorno donde el juicio social se vuelve penetrante. Las personas pueden ser evaluadas no solo por sus acciones, sino también por su presencia digital, lo que crea un espacio de competencia y evaluación continua. Esta dinámica da lugar a estigmas y prejuicios, ya que las identidades son moldeadas por percepciones superficiales basadas en las interacciones en línea.

La vigilancia digital, entendida como la capacidad de observar y analizar los comportamientos y las interacciones en línea, tiene un impacto significativo en la conducta individual. Este fenómeno no solo se limita a la recopilación de datos por parte de empresas y gobiernos, sino que también incluye la auto-vigilancia que surge de la consciencia de ser observado.

La consciencia de la vigilancia transforma la manera en que los individuos se comportan en línea. Al saber que sus acciones son visibles para otros, los usuarios tienden a autocensurarse y ajustar su comportamiento para cumplir con las expectativas sociales. Este efecto, conocido como 'comportamiento de la sala de estar', se refiere a la modificación de las acciones en función de la percepción de ser observados. En este sentido, la vigilancia digital actúa como un mecanismo de control que promueve la conformidad y desalienta el desacuerdo.

Además, la recopilación masiva de datos y el análisis algorítmico permiten a las plataformas manipular la experiencia del usuario, dirigiendo el contenido que ven y las interacciones que tienen. Esto puede llevar a una construcción de burbujas informativas, donde los individuos están expuestos principalmente a opiniones y perspectivas que refuerzan sus creencias preexistentes, limitando el diálogo y la diversidad de pensamiento.

Las plataformas tecnológicas, al ejercer un control sobre la información y las interacciones, se convierten en actores de poder que influyen en la opinión pública y en la toma de decisiones. Este poder se ejerce de manera sutil pero efectiva, ya que los usuarios a menudo no son plenamente conscientes de cómo sus datos son utilizados para manipular comportamientos y percepciones. La vigilancia digital ha transformado las dinámicas de poder de varias maneras:

Descentralización del poder: A diferencia de las estructuras de poder tradicionales, donde el control es ejercido por un ente específico, en la era digital el poder se dispersa. Cada individuo tiene el potencial de ser tanto vigilante como vigilado, lo que crea una red de control más compleja y sutil.

Normalización de comportamientos: La constante exposición a la vigilancia digital lleva a los individuos a adoptar comportamientos que son percibidos como socialmente aceptables. Esto se traduce en una normalización que perpetúa ciertas ideologías y prácticas.

Resistencia y autonomía: A pesar de la presión de la vigilancia, algunos individuos encuentran formas de resistir y alterar estas dinámicas de poder. El uso de herramientas de privacidad y la creación de espacios digitales alternativos son ejemplos de cómo la resistencia puede manifestarse en la era de la vigilancia.

3.2 Herramientas y tecnologías de vigilancia

Según Datos 101 (s.f), 'una de las principales herramientas utilizadas en la vigilancia digital es el sistema de detección de intrusiones (IDS, por sus siglas en inglés). Estos sistemas analizan el tráfico de red en busca de patrones y comportamientos anómalos que podrían indicar intentos de infiltración. Al identificar actividades sospechosas, los IDS activan alertas para que analistas de seguridad puedan investigar y tomar medidas apropiadas.'

De igual manera, menciona 'otra tecnología clave en la vigilancia digital es el análisis de comportamientos. Estos sistemas utilizan algoritmos y modelos avanzados para identificar patrones de comportamiento normal en los usuarios y sistemas. Al detectar desviaciones significativas de estos patrones, como cambios en los patrones de acceso o actividad inusual, los sistemas de análisis de comportamiento pueden señalar posibles amenazas y ayudar a prevenir ataques antes de que se produzcan.'

El monitoreo en redes sociales también permite a las organizaciones rastrear menciones y gestionar su reputación online al identificar perfiles falsos o contenido dañino, al igual que analizar continuamente grandes volúmenes de datos para identificar anomalías y patrones sospechosos. Este enfoque proactivo ayuda a tomar decisiones informadas rápidamente y a responder ante posibles amenazas antes de que causen daño.

Los sistemas de Gestión de Eventos e Información de Seguridad (SIEM) recopilan y analizan datos de seguridad provenientes de diversas fuentes, proporcionando una visión integral del estado de seguridad de la organización. Estos sistemas son cruciales para detectar, responder y gestionar incidentes de seguridad eficientemente.

Una de las herramientas más utilizadas y avanzadas en vigilancia digital, es la Inteligencia Artificial (IA) y el aprendizaje automático, pues están revolucionando la vigilancia digital al permitir el análisis avanzado en datos. Estas tecnologías pueden identificar patrones complejos y predecir comportamientos anómalos, lo que mejora significativamente la capacidad para anticipar ciberataques.

Con el aumento constante de amenazas cibernéticas, las soluciones avanzadas en ciberseguridad son esenciales. Esto incluye el uso de firewalls, antivirus y escáneres de vulnerabilidades, que ayudan a proteger los sistemas contra accesos no autorizados y ataques maliciosos.

Por su parte, la automatización y la robótica están comenzando a desempeñar un papel importante en la vigilancia digital, especialmente en la seguridad física. Robots equipados con sensores avanzados pueden patrullar áreas extensas, mientras que sistemas automatizados pueden gestionar accesos utilizando tecnologías como el reconocimiento facial en los dispositivos móviles y portátiles.

El monitoreo activo de redes sociales es vital para proteger la reputación corporativa. Existen herramientas especializadas que permiten identificar perfiles falsos, suplantaciones y contenidos dañinos que podrían afectar la imagen pública de una organización.

Las herramientas y tecnologías mencionadas con anterioridad, son fundamentales para establecer un sistema robusto de vigilancia digital que proteja a las organizaciones frente a las crecientes amenazas cibernéticas. La implementación efectiva de estas soluciones no solo mejora la seguridad, sino que también permite una respuesta más rápida ante incidentes, asegurando así la integridad y disponibilidad de los activos digitales.

3.3 Mecanismos de control y autovigilancia

La era digital ha transformado radicalmente los mecanismos de control social, introduciendo nuevas dinámicas que afectan tanto a la gobernanza como a la vida cotidiana de los individuos. A medida que las tecnologías avanzan, se han desarrollado herramientas sofisticadas que permiten una vigilancia y un control sin precedente. Estos mecanismos no solo son utilizados por gobiernos, sino también por empresas privadas, lo que plantea serias implicaciones para la privacidad, la autonomía y la libertad individual.

Uno de los mecanismos más notorios de control en la era digital es la vigilancia masiva. Esta práctica se ha intensificado con el uso de tecnologías como cámaras de seguridad conectadas a internet, drones y software de reconocimiento facial. Gobiernos y corporaciones pueden recopilar grandes volúmenes de datos sobre las actividades de los ciudadanos, lo que permite un monitoreo constante. Este tipo de vigilancia plantea preocupaciones sobre la invasión de la privacidad y el potencial abuso de poder.

Un ejemplo de esto es en la República Popular China, el gobierno ha implementado un sistema de control social que utiliza tecnologías avanzadas para supervisar a sus ciudadanos, promoviendo una cultura de conformidad y obediencia a través del miedo a las repercusiones sociales y legales.

El control consentido se asemeja a cómo los individuos, a menudo sin darse cuenta, aceptan participar en su propia vigilancia al utilizar plataformas digitales. Al registrarse en redes sociales o aplicaciones móviles, los usuarios proporcionan datos personales que son utilizados para segmentar publicidad o influir en comportamientos. Siguiendo la idea de Rubio (2020), las aplicaciones como Facebook no sólo permiten la interacción social, sino que también actúan como dispositivos de control al recopilar datos sobre preferencias y comportamientos, utilizando esta información para manipular el contenido presentado.

La tecnologías emergentes, como el loT y la IA, han ampliado aún más las capacidades de control. Los dispositivos aún más las capacidades de control. Los dispositivos conectados pueden recopilar datos sobre hábitos cotidianos, desde el consumo energético hasta patrones de salud, permitiendo un monitoreo detallado que puede ser utilizado tanto para beneficios como para control social. Según Carrasco Díaz-Masa (2021) afirma que la integración de lo que es el loT en la vida diaria plantea desafíos significativos para la privacidad individual. La recopilación constante de datos puede ser utilizada por gobiernos o corporaciones para ejercer control sobre comportamientos y decisiones personales.

Ante estos desafíos, es fundamental establecer un marco normativo claro que proteja los derechos individuales frente al uso abusivo de tecnologías de control. La alfabetización digital se vuelve esencial para capacitar a los ciudadanos en la identificación de desinformación y en la comprensión del funcionamiento detrás de las plataformas digitales.

En la actualidad, plataformas como Facebook, Instagram y X (Twitter) actúan como micro-panópticos, donde los usuarios no solo son observados, sino que también se convierten en observadores de los demás. Este fenómeno crea un ciclo de vigilancia mutua que perpetúa el control social. Al compartir información personal y seguir las interacciones de otros, los usuarios contribuyen activamente a su propia vigilancia y a la de sus pares, lo que Foucault (2002) identificó como mecanismo de auto-vigilancia.

La auto-vigilancia se refiere a la práctica en la que los individuos regulan su propio comportamiento en función de las expectativas sociales y las normas que perciben a través de sus interacciones en plataformas digitales. Este concepto se basa en la idea de que, al ser conscientes de que sus acciones son visibles para otros, los usuarios ajustan sus comportamientos para alinearse con lo que consideran aceptable o deseable. Así, la vigilancia se convierte en un proceso interno de autorregulación y resulta en la conformidad que limita la autenticidad personal. A lo que Ramonet et al (2016) argumenta que esta normatividad impuesta por el entorno digital genera una presión para presentarse de manera que obtenga validación social, lo que puede llevar a una fragmentación de la identidad.

Asimismo, Ramonet et al. (2016) menciona que este fenómeno es particularmente en las redes sociales, donde la búsqueda de validación a través de 'me gusta", comentarios y compartidos genera una presión constante para presentarse de manera atractiva y conforme a las expectativas del entorno. La necesidad de aceptación social puede llevar a los individuos a modificar su lenguaje, sus opiniones y hasta su apariencia física, creando una versión idealizada de sí mismos que puede no reflejar su verdadera identidad. Este proceso de curaduría personal, aunque puede parecer inofensivo, induce a una fragmentación de la identidad, donde la autenticidad se sacrifica en favor de la conformidad.

La normatividad en el contexto de la auto-vigilancia se refiere a la manera en que las plataformas digitales establecen y refuerzan normas sobre cómo se deben comportar los usuarios. Estas normas, a menudo invisibles, están modeladas por el contenido que se promueve, las interacciones que se celebran y las que se sancionan. Las plataformas utilizan algoritmos que no solo determinan qué contenido es invisible, sino que también crean un entorno en el que ciertos comportamientos se normalizan y otros se desincentivan.

Por ejemplo, en Instagram, la cultura de la imagen y la necesidad de obtener 'likes' fomenta una normatividad que prioriza la apariencia sobre la autenticidad. Según Zuboff (2020) esto se traduce en un ciclo donde los usuarios se sienten presionados a seguir tendencias, utilizar filtros y presentar una vida idealizada para ser aceptados. Como resultado, la auto-vigilancia y la normatividad se entrelazan, creando un entorno donde la conformidad es recompensada y la desviación es penalizada, aunque esta penalización no siempre se manifiesta de manera explícita.

Las implicaciones de esta auto-vigilancia son profundas. La presión constante para cumplir con las expectativas sociales puede generar ansiedad, depresión y una baja autoestima, especialmente entre los jóvenes que están en proceso de formación de su identidad. La comparación constante con los demás puede llevar a una percepción distorsionada de la realidad, donde las experiencias compartidas en línea parecen ser más valiosas que las vivencias personales.

Además, la normatividad impuesta por las plataformas digitales contribuye a la homogeneización del pensamiento y comportamiento. Al fomentar ciertos estilos de vida y valores, se limita la diversidad de expresiones e identidades en el espacio digital. Esto puede resultar en la creación de un ambiente donde la originalidad es desalentada y las voces disidentes son silenciadas.

La auto-vigilancia y la normatividad son dos caras de la misma moneda en la era digital. Mientras que la auto-vigilancia empodera a los usuarios para controlar su comportamiento, también puede llevar a la conformidad y a la pérdida de autenticidad. Por otro lado, la normatividad impuesta por las plataformas digitales crea un marco que define lo que es aceptable y lo que no, contribuyendo a la homogeneización cultural. Juntas, estas dinámicas moldean la identidad individual y colectiva, subrayando la necesidad de una reflexión crítica sobre el uso de las tecnologías digitales y sus efectos en la sociedad.

3.4 Algoritmos de recomendación y su impacto en la autonomía del individuo.

Los algoritmos de recomendación son herramientas fundamentales en la era digital que permiten personalizar la experiencia del usuario al ofrecer sugerencias de contenido, productos o servicios basadas en sus preferencias y comportamientos anteriores. Estos algoritmos son utilizados por plataformas como Netflix, Amazon, Spotify, Facebook, TikTok, Instagram y demás redes sociales para mejorar la interacción del usuario y aumentar la satisfacción, o para moldear la información que consumen y manipular la misma. Estos sistemas identifican patrones y predicen comportamientos futuros, alimentando un ciclo de retroalimentación que influye en las decisiones de consumo, preferencias políticas e interacciones sociales pues desempeñan un papel crucial en el control social al determinar qué información se presenta a los usuarios en plataformas digitales. Estas herramientas pueden personalizar el contenido que ven las personas, creando cámaras de eco donde solo se exponen a perspectivas afines. Esto no solo limita el acceso a información diversa, sino que también puede polarizar opiniones y fomentar divisiones sociales. La manipulación de información a través de redes sociales ha llevado a la propagación de desinformación y teorías conspirativas, erosionando la confianza en los medios tradicionales y dificultando el diálogo público informado. Sin embargo, su uso también plantea interrogantes sobre la autonomía individual y el control sobre las decisiones personales.

Se dice que los algoritmos de recomendación funcionan principalmente a través de dos enfoques, el filtrado colaborativo que se basa en las interacciones y valoraciones de otros usuarios con gustos similares. Por ejemplo, si un usuario A tiene las preferencias similares a un usuarios B, el sistema recomendará a A aquel contenido que B ha disfrutado. Este enfoque puede ser explícito, mediante valoraciones directas en las propias aplicaciones, o implícito, mediante un análisis del comportamiento.

Por su parte, el filtro basado en contenido se centra en las características de los elementos que el usuarios ha consumido previamente, pues este analiza los atributos de los productos o contenidos (como género, autor o tema) y sugiere otros que comparten contenido similar. Aunque muchos sistemas modernos combinan ambos enfoques para mejorar la precisión de las recomendaciones, aprovechando las ventajas de cada uno y mitigando sus desventajas.

A pesar de los beneficios que ofrecen los algoritmos de recomendación, su uso también tiene implicaciones significativas para la autonomía del individuo. La comparación constante con las representaciones de otros en redes sociales puede distorsionar la percepción que los individuos tienen de la realidad. Al observar vidas aparentemente perfectas, muchos pueden sentirse inadecuados o insatisfechos con sus propias experiencias, lo que lleva a una división de la identidad y a la desvalorización de lo auténtico en favor de lo superficial.

La autonomía individual se ve comprometida en un entorno en el que los usuarios creen tener control sobre su información personal al decidir qué compartir. Sin embargo, esta percepción es engañosa. Estos algoritmos influyen en las decisiones y comportamientos sin que los usuarios sean plenamente conscientes de ello.

Si bien es cierto, la personalización de plataformas puede mejorar la experiencia del usuarios al facilitar el descubrimiento de contenido relevante, puede llevar a una 'polarización'. Los usuarios pueden quedar atrapados en 'burbujas de filtro', donde solo se les presenta información que refuerza sus creencias existentes, limitando su exposición a perspectivas diversas. Esto puede afectar su capacidad crítica y su disposición a explorar nuevas ideas.

La creciente dependencia de estas recomendaciones puede llevara a una disminución en la capacidad del individuo para tomar decisiones informadas por sí mismo. Al confiar en algoritmos para seleccionar contenidos o productos, los usuarios pueden perder habilidades críticas para evaluar opciones de manera independiente. La plataformas pueden utilizar algoritmos, no solo para personalizar experiencias, sino también para manipular comportamientos.

Por ejemplo, al priorizar ciertos tipos de contenido sobre otros, pueden influir en las decisiones de compra o en las opiniones políticas de los usuarios. Esto plantea cuestiones éticas sobre el control que tienen estas plataformas sobre la información que consumimos.

De igual manera, los algoritmos pueden perpetuar desigualdades al favorecer ciertos tipos de contenido que son más rentables o populares, afectando en la diversidad cultural limitando el acceso equitativo a información variada.

Los algoritmos de recomendación son herramientas poderosas que han transformado la forma en que interactuamos con el contenido digital. Sin embargo, su impacto en la autonomía individual es complejo y multifacético. Si bien ofrecen conveniencia y personalización, también presentan riesgos significativos relacionados con la polarización, dependencia tecnológica y manipulación informativa. Es esencial que tanto los usuarios como los desarrolladores sean conscientes de estos efectos para fomentar un uso más consciente y crítico de estas tecnologías.

3.5 Comparación entre el panóptico digital y la vigilancia digital.

De manera conceptual, a pesar que ambos se centran en lo digital, no quiere decir que sean exactamente lo mismo. Al contrario, mientras que el panóptico se refiere a la estructura de control y vigilancia en la que los individuos son observados constantemente a través de plataformas digitales. El panóptico digital implica que los usuarios son conscientes de que pueden ser observados, lo que influye en su comportamiento. La vigilancia se basa en la idea de que la posibilidad de ser observados genera autocontrol y conformidad.

Por su parte, la vigilancia digital se refiere a la práctica más amplia de monitorear y recopilar datos sobre las actividades de los usuarios en entornos digitales. Esto puede incluir la recopilación de información por parte de los gobiernos, corporaciones y otras entidades, a menudo sin el conocimiento o el consentimiento de los usuarios. La vigilancia no siempre implica que los individuos sean conscientes de que están siendo observados, a diferencia del panóptico en el que sí son conscientes de que están siendo observados simultáneamente.

En base a sus métodos de control, el panóptico utiliza herramientas como las redes sociales, aplicaciones móviles y dispositivos conectados para fomentar la auto-vigilancia. Los usuarios, al compartir información sobre sí mismos, participan activamente en su propia vigilancia. Es evidente la forma en que los individuos ajustan su comportamiento en línea para formar parte de las expectativas sociales y las normas de las plataformas. Por otro lado, la vigilancia digital emplea tecnologías como el rastreo de datos, análisis de comportamiento y recopilación de información personal. Este tipo de vigilancia puede llevarse a cabo sin que el usuario sea consciente de ello, y con frecuencia se justifica en nombre de la seguridad o la personalización de servicios.

Es decir, mientras que el panóptico digital se centra en la auto-vigilancia y la conformidad social en un entorno donde la posibilidad de ser observado influye en el comportamiento, la vigilancia digital abarca una gama más amplia de prácticas de monitoreo que pueden ocurrir sin el conocimiento del usuario.

LAS REDES SOCIALES COMO ESPACIO DE VIGILANCIA

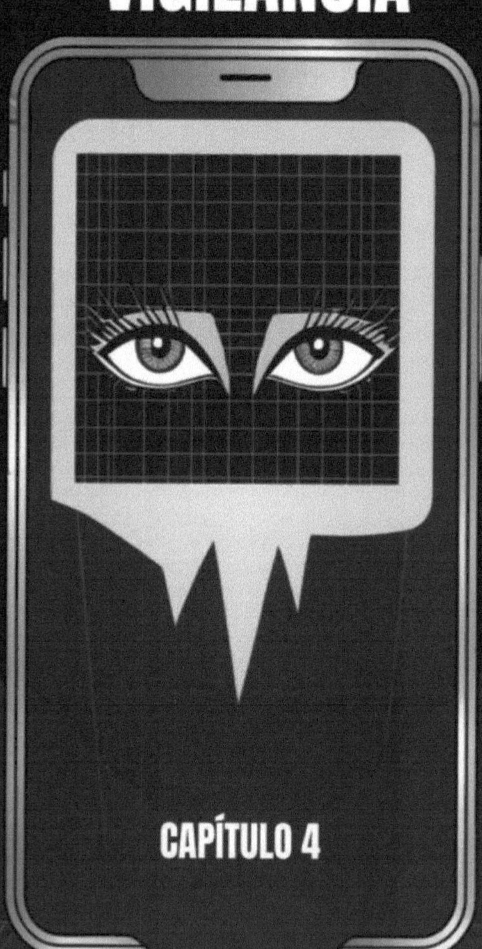

Capítulo 4: Redes sociales como espacios de vigilancia

Las redes sociales han revolucionado la forma en que nos comunicamos y compartimos información. Sin embargo, detrás de su utilidad y conveniencia, se esconden dinámicas de vigilancia que impactan profundamente la vida de los usuarios, especialmente de los jóvenes. Estas plataformas funcionan no solo como espacios de interacción social, sino también como entornos donde la vigilancia se ha normalizado, afectando la construcción de identidades y la privacidad de los individuos.

Las redes sociales, como Facebook, Instagram y TikTok, recopilan grandes cantidades de datos sobre sus usuarios. Cada "like", comentario y publicación se convierte en parte de un perfil digital que las empresas utilizan para crear perfiles de comportamiento. Esto no solo permite a las plataformas ofrecer publicidad personalizada, sino que también se traduce en una forma de vigilancia constante. Los usuarios son monitoreados en tiempo real, lo que genera un ambiente donde cada acción puede ser observada y analizada.

La naturaleza pública de las redes sociales crea una presión inherente para que los usuarios se presenten de manera atractiva y exitosa. Este fenómeno, a menudo denominado "performatividad", significa que los jóvenes sienten la necesidad de curar su imagen en línea, mostrando solo los aspectos más positivos de sus vidas. Esta búsqueda de aprobación social puede llevar a una distorsión de la identidad, donde los usuarios se preocupan más por cómo son percibidos que por su autenticidad.

Por ejemplo, en plataformas como Instagram, es común ver imágenes perfectamente editadas y momentos de vida idealizados. Esta representación puede hacer que otros se sientan inadecuados o insatisfechos con sus propias vidas, lo que refuerza la ansiedad y la presión social. La necesidad de obtener "likes" y comentarios positivos se convierte en un objetivo, lo que a menudo afecta la salud mental de los usuarios

El panóptico, es especialmente relevante en el contexto de las redes sociales. En este modelo de vigilancia, los individuos son observados sin saber cuándo están siendo vigilados, lo que influye en su comportamiento. En el mundo digital, los usuarios a menudo se sienten observados, lo que puede llevarlos a modificar su conducta para cumplir con las expectativas de los demás. Esta vigilancia no solo proviene de las plataformas, sino también de los pares, quienes pueden juzgar y comentar sobre lo que se publica.

A medida que la vigilancia se ha vuelto una parte normalizada de la experiencia en redes sociales, los usuarios, especialmente los jóvenes, pueden llegar a aceptar esta dinámica como algo natural. Esto puede llevar a una falta de conciencia sobre las implicaciones de la exposición constante. La idea de que "si no está en línea, no existe" refuerza la noción de que la vida debe ser documentada y compartida, lo que perpetúa el ciclo de vigilancia.

Un claro ejemplo de esto es el *Speed*, que durante una de sus transmisiones en vivo, el TikToker Speed vivió un momento aterrador cuando la policía llegó a su casa debido a una broma de "swatting", que es cuando una persona llama a los agentes por altercados o cosas graves que pasen.

Speed mientras estaba distraído interactuando con sus seguidores, alguien falsificó una emergencia, lo que llevó a agentes armados a irrumpir en su hogar. Este incidente puso de manifiesto los peligros de la búsqueda de atención en redes sociales, donde los usuarios se alarman al estar siendo vigilados y sin darse cuenta del mal de las personas.

Además, la situación de Speed resalta cómo estamos constantemente vigilados en la era digital. La exposición continua en plataformas sociales puede llevar a que las bromas se conviertan en situaciones peligrosas, mostrando que la delgada línea entre el espectáculo y el riesgo puede tener consecuencias reales y serias. Este caso invita a reflexionar sobre la responsabilidad que todos tenemos al interactuar en un mundo donde la visibilidad puede llevar a resultados inesperados y potencialmente dañinos.

4.1 La construcción de identidades digitales bajo la vigilancia constante

En la era digital, la construcción de identidades se ha transformado radicalmente, especialmente para los jóvenes que han crecido en un entorno donde la tecnología y las redes sociales son omnipresentes. Esta nueva realidad plantea una problemática significativa: la vigilancia constante que enfrentan los jóvenes no solo afecta cómo se ven a sí mismos, sino también cómo eligen presentarse ante el mundo. La presión de ser observados y evaluados en cada interacción digital puede llevar a una distorsión de la identidad, creando un espacio donde la autenticidad se ve comprometida.

Como se explicaba anteriormente, la vigilancia digital se manifiesta de múltiples formas. Desde la recopilación de datos por parte de plataformas como Facebook, Instagram y TikTok, hasta la presión social de ser "visto" y "aceptado", los jóvenes están constantemente conscientes de que sus acciones están bajo el escrutinio de sus pares. Este fenómeno se puede entender a través del concepto del panóptico, pues en el contexto digital, cada publicación, comentario y "me gusta" se convierte en un acto público que puede ser examinado y juzgado, lo que genera una presión constante para conformarse a ciertas expectativas.

La necesidad de aprobación social se convierte en un motor poderoso en la construcción de identidades digitales. Los jóvenes a menudo sienten que su valor personal está ligado a la cantidad de "likes" y comentarios que reciben. Esta búsqueda de validación puede llevar a la creación de una imagen idealizada, donde los aspectos negativos o vulnerables de la vida se ocultan.

En plataformas como Instagram, es común que los usuarios compartan solo los momentos más felices y emocionantes, lo que puede hacer que otros sientan que su vida no se compara. Este fenómeno no solo afecta la autoestima, sino que también puede fomentar un ciclo de ansiedad y depresión, ya que los jóvenes se ven atrapados en una constante comparación con las vidas aparentemente perfectas de los demás.

La vigilancia constante también genera un conflicto interno entre la autenticidad y la proyección de una identidad deseada. Los jóvenes pueden sentirse presionados a actuar de cierta manera para encajar o ser aceptados, lo que puede llevar a una desconexión con su verdadero yo. Se preguntan: "¿Soy realmente yo en línea, o solo lo que los demás quieren que sea?" Esta lucha por la autenticidad puede resultar en una crisis de identidad, donde los jóvenes se ven obligados a navegar entre la necesidad de ser aceptados y el deseo de ser genuinos.

Un claro ejemplo de esta problemática se puede observar en el fenómeno de los "influencers". Muchos jóvenes aspiran a convertirse en influencers, pero a menudo se ven

atrapados en la necesidad de mantener una imagen perfecta y un estilo de vida que no siempre
es real. Este deseo de ser visto y seguido puede llevar a la creación de contenido que no
refleja su verdadera vida, sino una versión editada y cuidadosamente curada. La presión por
ser constantemente "interesante" y "atractivo" puede resultar en un desgaste emocional
significativo.

El panóptico digital no solo se trata de la observación, sino también de cómo esa
observación afecta el comportamiento. La vigilancia constante puede llevar a los jóvenes a
actuar de maneras que consideran socialmente aceptables, en lugar de ser simplemente
auténticos. Esto puede resultar en una desconexión entre su vida en línea y su verdadero yo.
Por otro lado, algunos jóvenes están comenzando a darse cuenta de esta presión y buscan
formas de ser auténticos a pesar de la vigilancia. Crean espacios donde pueden expresarse sin
miedo a ser juzgados, como grupos cerrados en redes sociales o chats privados

4.2 La auto-exposición en redes sociales

La autoexposición en plataformas digitales se ha convertido en un fenómeno
omnipresente en la vida cotidiana de millones de personas, especialmente entre los jóvenes.
Al compartir momentos de su vida a través de fotos, videos y publicaciones, los usuarios
crean una narrativa personal que puede ser vista y comentada por una audiencia
potencialmente global. Sin embargo, esta práctica, aunque puede parecer inofensiva o incluso
beneficiosa, conlleva una serie de implicaciones psicológicas, sociales y éticas.

La autoexposición en redes sociales como Instagram, TikTok y Facebook se ha
normalizado en la cultura contemporánea. La posibilidad de compartir experiencias y obtener

retroalimentación instantánea ha llevado a muchos a documentar cada aspecto de su vida, desde momentos cotidianos hasta hitos significativos. Esta cultura de la autoexposición se ve alimentada por el deseo de conexión y validación, donde "likes" y comentarios positivos se convierten en formas de medir la aprobación social.

Existen diversas motivaciones para la autoexposición en plataformas digitales como la búsqueda de Validación pues muchos usuarios buscan la aprobación de sus pares a través de "likes" y comentarios. Esta necesidad de validación puede ser especialmente intensa en los adolescentes, quienes están en una etapa crucial de desarrollo de identidad.

La construcción de la identidad es un factor importante en la autoexposición, ya que permite a los individuos construir y proyectar una identidad que desean que los demás reconozcan. A menudo, esto implica curar cuidadosamente la imagen que se presenta, eligiendo sólo los aspectos más positivos de la vida.

Asimismo, muchos jóvenes buscan la conexión social a modo de compartir experiencias en línea puede facilitar la conexión con amigos y familiares, así como con personas que comparten intereses similares. Sin embargo, esta conexión puede ser superficial, dependiendo del contexto y la profundidad de las interacciones.

Muchos de los individuos en redes, experimentan creatividad y autoexpresión, ya que para algunos, las plataformas digitales son un medio para la creatividad y la autoexpresión. Publicar arte, música o escribir sobre experiencias personales puede ser una forma de compartir talentos y perspectivas únicas.

Sin embargo, estas motivaciones podrían tener consecuencias significativas como la presión social y la necesidad de ser constantemente "interesante" o "perfecto". Esto puede generar una presión abrumadora. Los usuarios pueden sentir que deben mantener una imagen idealizada, lo que puede llevar a la ansiedad y la frustración por tratar de tener una imagen ajena a su realidad o por incluso, querer encajar en las expectativas sociales, sin tomar en cuenta su contexto cultural socioeconómico.

La desconexión de la realidad afecta en los usuarios, pues a medida que las personas se enfocan en documentar sus vidas para las redes sociales, pueden perder de vista el disfrute de los momentos en sí mismos. La obsesión por la autoexposición puede distraer de la experiencia real de vivir debido al consumo de contenido obsesivo, a menudo los usuarios tienden a pasar más tiempo en su dispositivo móvil que haciendo actividades extracurriculares o explorando nuevos hobbies, creando una distorsión en su realidad que los separa de lo que se proyecta en redes a la vida real.

El impacto en la autoestima es una característica muy numerosa en la vida de los jóvenes adolescentes pues suelen comparar constantemente con las vidas, aparentemente perfectas, de otros y puede afectar negativamente la autoestima y la percepción que tienen de sí mismos, incluso llegarse a sentir inadecuados si sus propias vidas no se alinean con las representaciones en línea.

Un factor esencial es la privacidad y seguridad, ya que la autoexposición también plantea riesgos en términos de privacidad. Compartir información personal puede hacer que los usuarios sean vulnerables a la explotación, el ciberacoso o la vigilancia no deseada puesto que muchas veces ignoran los términos de privacidad y condiciones de las distintas plataformas y no son conscientes a lo que están sujetos al aceptar los términos y condiciones.

Es importante reconocer que la autoexposición tiene una naturaleza dual. Por un lado, puede fomentar la conexión y la creatividad; por otro, puede resultar en ansiedad, presión social y vulnerabilidad.

4.3 El papel de la redes sociales en la normalización de la vigilancia

Las redes sociales han transformado la forma en que los usuarios interactúan entre sí, comparten información y construyen sus propias identidades. Sin embargo, también han desempeñado un papel crucial en la normalización de la vigilancia, tanto a nivel personal como societal. Este fenómeno no solo afecta la privacidad individual, sino que también redefine las dinámicas de poder y control en la era digital.

La autoexposición es una característica central de las redes sociales. Los usuarios comparten aspectos de su vida cotidiana, desde momentos triviales hasta eventos importantes, en un entorno donde la visibilidad es valorada. Esta cultura de la exposición no solo impulsa a los individuos a compartir más, sino que también fomenta una forma de vigilancia social donde los pares monitorean y evalúan constantemente las acciones de los demás. La frase "si no está en línea, no existe" refleja cómo esta dinámica ha permeado las interacciones sociales.

A diferencia de las formas tradicionales de vigilancia, donde el control es ejercido por una autoridad externa, las redes sociales han fomentado un tipo de vigilancia en la que los propios usuarios participan activamente. Este fenómeno se puede observar en la forma en que los individuos comparten información personal y permiten que otros accedan a sus datos. La aceptación de términos y condiciones, a menudo sin leer, es un claro ejemplo de cómo los usuarios ceden su privacidad en favor de la conectividad. Esta participación voluntaria ha normalizado la vigilancia, haciendo que los usuarios se sientan cómodos con la idea de ser observados y evaluados.

La vigilancia en las redes sociales también ha contribuido a la normalización de prácticas como el ciberacoso. La facilidad de acceso a la información personal y la capacidad de monitorear las acciones de los demás han hecho que algunos usuarios se sientan habilitados para acosar o juzgar a otros. Este entorno de vigilancia social puede llegar a tener consecuencias devastadoras e incluso legales.

La normalización de la vigilancia en las redes sociales genera inquietud sobre la privacidad y la identidad. A medida que los usuarios comparten más de sus vidas en línea, se produce una erosión de la privacidad personal. Esto no solo afecta cómo los individuos se perciben a sí mismos, sino que también impacta su bienestar emocional. La presión por mantener una imagen pública perfecta puede llevar a la creación de identidades distorsionadas, donde la autenticidad se sacrifica en favor de la aprobación social.

4.4 La cultura del 'stalking' digital

La vigilancia panóptica en la era digital y la cultura del 'stalking' digital entre los jóvenes están interconectadas de maneras que revelan la complejidad de nuestra relación con la tecnología y la privacidad. Mientras que los gobiernos utilizan herramientas para monitorear a los ciudadanos, muchos jóvenes parecen disfrutar de la atención que reciben en línea, a menudo compartiendo aspectos íntimos de sus vidas.

Marwick (2013) examina cómo la cultura de la autoexposición en redes sociales puede llevar a situaciones de stalking digital, argumentando que la búsqueda de validación a través de "likes" y comentarios puede hacer que las personas sean más vulnerables al acoso en línea.

En las últimas décadas, el avance tecnológico ha permitido a los gobiernos implementar sistemas de vigilancia más sofisticados. El uso de internet y las redes sociales ha facilitado la recolección de datos sobre los ciudadanos. Plataformas como Facebook y Twitter se han convertido en herramientas no solo de comunicación, sino también de monitoreo. Cada "me gusta", cada tweet y cada publicación se convierten en piezas de un rompecabezas que el estado puede utilizar para entender y controlar a la población.

Un ejemplo de esto podría ser un adolescente que, tras publicar una foto, pasa horas refrescando la pantalla, esperando que los "me gusta" fluyan. Cada notificación es una inyección de adrenalina, pero también una fuente de estrés. ¿Cuántos "me gusta" son suficientes para sentirse aceptado? Esta búsqueda incesante de aprobación crea un ciclo vicioso de ansiedad y desasosiego, donde los jóvenes sienten que su valía depende de su presencia en línea.

La vigilancia ya no es solo una cuestión de control por parte de entidades externas; se ha infiltrado en la vida cotidiana de los jóvenes. La idea de ser observado se ha vuelto tan común que muchos no la cuestionan. La "vigilancia social" se manifiesta en la forma en que los amigos y seguidores analizan, critican y comentan sobre cada publicación. Esta dinámica transforma las interacciones en un espectáculo, donde cada acción es evaluada no solo por su contenido, sino por su capacidad de atraer atención.

La constante exposición y la vigilancia social pueden llevar a la creación de identidades fragmentadas, donde los jóvenes sienten la necesidad de proyectar versiones idealizadas de sí mismos. En lugar de ser auténticos, se convierten en actores en un escenario digital, desempeñando roles que pueden no reflejar quiénes son realmente. Esta disonancia entre el yo real y el yo digital puede generar una crisis de identidad, donde la búsqueda de la autenticidad se ve socavada por la necesidad de encajar en un molde social predefinido.

4.5 Vigilancia estatal

La vigilancia estatal se ha convertido en una realidad en muchos países, donde los gobiernos utilizan tecnologías avanzadas para monitorear a los ciudadanos. Esto incluye la recolección de datos a través de redes sociales y la implementación de sistemas de reconocimiento facial. Mientras que este tipo de vigilancia busca controlar y reprimir, también crea un ambiente en el que los jóvenes son conscientes de que sus acciones están siendo observadas. Sin embargo, muchos de ellos, en lugar de ver esto como una amenaza, adoptan una actitud de exposición.

En este contexto de vigilancia, los jóvenes a menudo buscan validación social a través de su presencia en línea. La atención que reciben en redes sociales refuerza su sentido de identidad y pertenencia. Cada "like" o comentario se convierte en un indicador de popularidad, lo que puede llevar a una mayor exposición. Este deseo de reconocimiento puede ser visto como una respuesta a la vigilancia, ya que los jóvenes eligen activamente mostrar partes de sus vidas en lugar de ocultarlas.

La necesidad de construir una identidad en un entorno donde la vigilancia es omnipresente puede llevar a los jóvenes a compartir más de lo que normalmente harían. Las plataformas digitales se convierten en espacios donde pueden experimentar y proyectar una imagen idealizada de sí mismos, a menudo sin considerar las implicaciones de esta exposición. En este sentido, el "stalking" digital se convierte en una forma de autoafirmación, donde ser observado es sinónimo de ser relevante.

IMPLICACIONES PSICOLOGICAS DE LA VIGILANCIA DIGITAL

CAPÍTULO 5

Capítulo 5: Implicaciones psicológicas de la vigilancia digital

La omnipresencia de la vigilancia digital en la vida cotidiana a través de redes sociales, dispositivos móviles y plataformas en línea, tiene profundas implicaciones psicológicas que afectan la salud mental y el bienestar de los individuos. A medida que la tecnología avanza, es fundamental entender cómo esta forma de observación constante impacta la psique humana, especialmente entre los jóvenes, quienes son los más afectados por estas dinámicas, pues la vigilancia digital crea un entorno de presión constante.

Los usuarios, especialmente los jóvenes, pueden experimentar ansiedad relacionada con la necesidad de presentarse de manera perfecta en sus perfiles en línea. La preocupación por cómo serán percibidos por los demás puede llevar a un estado de alerta permanente, donde cada publicación se convierte en una fuente de estrés. Esta ansiedad puede manifestarse en síntomas físicos y emocionales, incluyendo insomnio, irritabilidad y problemas de concentración.

La búsqueda de validación a través de "likes" y comentarios en redes sociales puede distorsionar la percepción que los jóvenes tienen de sí mismos. Su autoestima se convierte en un juego de números, donde el valor personal se mide en función de la interacción en línea. Esta dependencia de la aprobación externa puede llevar a sentimientos de insuficiencia y desvalorización, especialmente cuando las expectativas no se cumplen.

La presión por mantener una identidad "perfecta" en línea puede resultar en una fragmentación de la identidad. Los jóvenes pueden sentir la necesidad de presentar diferentes versiones de sí mismos, adaptándose a las expectativas de su audiencia. Esto puede generar una desconexión entre el yo real y el yo digital, lo que a su vez provoca confusión y crisis de identidad. La lucha por ser auténtico en un entorno que valora la imagen sobre la realidad puede resultar abrumadora.

La vigilancia digital ha contribuido a la normalización del ciberacoso, donde los comentarios negativos y el juicio se vuelven comunes. Esta exposición constante a la crítica puede desensibilizar a los jóvenes, haciéndolos más propensos a participar en comportamientos hirientes. La experiencia del ciberacoso puede tener efectos devastadores en la salud mental, llevando a la depresión, el aislamiento y, en casos extremos, a pensamientos suicidas.

Miley Cyrus, famosa por su papel en Hannah Montana, es un claro ejemplo de cómo la vigilancia mediática puede moldear la identidad de una celebridad. Desde joven, vivió bajo el escrutinio constante de los medios, atrapada en la imagen de 'chica Disney', lo que la llevó a una profunda crisis de identidad. Esta presión por ser perfecta y aceptada la empujó a adoptar un estilo rebelde, ejemplificado en su álbum *Bangerz*, desatando críticas y debates sobre su autenticidad. La constante vigilancia afectó su salud mental, llevándola a experimentar ansiedad y depresión. Sin embargo, Miley transformó su dolor en poder, utilizando su plataforma para abogar por la autoaceptación y la libertad de expresión. Su historia resalta cómo la vigilancia digital no solo impacta la percepción pública, sino que también puede distorsionar la realidad personal, creando una desconexión entre el yo auténtico y la imagen proyectada..

La vigilancia constante puede fomentar un sentido de paranoia y desconfianza. Los usuarios pueden comenzar a cuestionar las intenciones de quienes los rodean, temiendo ser observados o juzgados en cualquier momento. Esta desconfianza puede afectar las relaciones interpersonales, creando un ambiente donde la comunicación abierta y honesta se ve comprometida.

La sobreexposición a la vigilancia digital puede llevar a la fatiga de la privacidad, donde los individuos se sienten exhaustos por la necesidad de gestionar su imagen en línea. Este agotamiento puede resultar en una apatía hacia la privacidad, donde los jóvenes dejan de preocuparse por las implicaciones de compartir su información personal. Sin embargo, esta falta de atención puede tener consecuencias graves, incluyendo la explotación de datos personales y el ciberacoso.

La historia de Britney Spears es un claro ejemplo de cómo la vigilancia constante puede afectar la salud mental y la identidad de una figura pública. Desde su ascenso meteórico en la industria musical a finales de los años 90, Spears fue objeto de un escrutinio implacable por parte de los medios y del público. La presión de ser 'la chica pop perfecta' se intensificó con la omnipresencia de las redes sociales y la cultura del chisme, donde cada movimiento era analizado y criticado.

Este entorno hostil alcanzó su punto culminante en 2007, cuando, tras una serie de eventos traumáticos, como el divorcio de su esposo y la pérdida de la custodia de sus hijos, Britney sufrió un colapso emocional, que incluyó comportamientos autodestructivos como el famoso incidente en el que se rapó la cabeza. La vigilancia no solo contribuyó a su crisis, sino que también llevó a su posterior tutela, que limitó severamente su autonomía durante más de una década. La batalla de Britney por recuperar el control de su vida resuena con muchos jóvenes que luchan contra las expectativas sociales y la presión de ser constantemente observados. Su historia es un poderoso recordatorio de que detrás de cada imagen pública hay un ser humano que puede ser profundamente afectado por la vigilancia y el juicio de la sociedad.

5.1 Efectos de la vigilancia en la conducta individual

En la era digital, la vigilancia se ha convertido en una constante en la vida cotidiana. Desde la supervisión en el lugar de trabajo hasta el monitoreo en redes sociales, la sensación de ser observado ha penetrado en todos los aspectos de nuestra existencia. Este fenómeno no solo transforma la manera en que nos comportamos, sino que también altera las dinámicas interpersonales. En particular, la vigilancia afecta profundamente el desempeño y la productividad en entornos laborales, así como la confianza en las relaciones personales. A medida que exploramos estas problemáticas, se vuelve evidente que la vigilancia, en lugar de ser una herramienta de mejora, puede convertirse en una trampa que limita la creatividad y erosiona la confianza.

En el ámbito laboral, la vigilancia se presenta como una espada de doble filo. Por un lado, la supervisión puede incentivar a los empleados a mantener un alto nivel de productividad. La idea de ser observados a menudo impulsa a los individuos a trabajar más arduamente, cumplir con plazos y alcanzar metas. Sin embargo, esta presión puede tener un costo elevado. Cuando los empleados sienten que están bajo un microscopio constante, la creatividad y la innovación pueden verse sofocadas. La necesidad de cumplir con estándares rígidos puede provocar que los trabajadores se adhieran a rutinas predecibles, temerosos de desviarse de lo que se espera de ellos.

La vigilancia no solo afecta la productividad; también tiene un impacto devastador en la confianza. Cuando las personas se sienten observadas, tienden a ser más reservadas y cautelosas en sus interacciones. Esta desconfianza puede florecer en un entorno donde la privacidad es una ilusión, creando una atmósfera de sospecha y recelo. Las relaciones interpersonales, que deberían ser un refugio de apoyo y comprensión, se convierten en campos de batalla, donde cada palabra y acción es evaluada bajo la lente de la vigilancia.

Está dinámica se complica aún más en el contexto de las redes sociales, donde la exposición constante puede hacer que las personas se sientan inseguras sobre cómo son percibidas por los demás. En este espacio, la vigilancia no es solo externa; los individuos también se convierten en sus propios vigilantes, controlando cuidadosamente cómo se presentan ante su audiencia. Esta auto-vigilancia puede llevar a una falta de autenticidad, donde las personas sienten la necesidad de proyectar versiones idealizadas de sí mismas, temerosas de que cualquier error pueda ser capturado y utilizado en su contra.

El resultado es un círculo vicioso de desconfianza, donde la necesidad de mantener una imagen pública perfecta socava la sinceridad en las relaciones. Las conversaciones se tornan superficiales, los vínculos se debilitan y la intimidad se convierte en un concepto cada vez más esquivo. En un mundo donde cada interacción puede ser monitoreada y juzgada, la autenticidad se sacrifica en el altar de la aprobación social.

5.2 Efecto FOMO

El 'Fear of Missing Out' (FOMO) o 'miedo a perderse algo', es un término que describe la ansiedad que sienten las personas al creer que están perdiendo experiencias gratificantes que otros están disfrutando. Este fenómeno se ha vuelto especialmente prevalente en la era de las redes sociales, donde las personas están constantemente expuestas a las actividades y experiencias de sus amigos y conocidos.

Esto se intensifica en un entorno de vigilancia, ya que los jóvenes sienten la presión de estar siempre conectados y al tanto de lo que hacen sus pares. Este impulso puede llevar a una sobreexposición en redes sociales, donde se comparten momentos de la vida cotidiana en un intento por no quedar fuera de la conversación. Este fenómeno refleja cómo la vigilancia estatal y el deseo de atención se entrelazan, creando un ciclo en el que la autoexpresión se ve influenciada por la necesidad de ser visto.

Sin embargo, esta cultura de la vigilancia y la exposición también tiene sus riesgos. La presión por ser constantemente visible puede llevar a problemas de salud mental, como ansiedad y depresión, especialmente si la validación en línea no se traduce en conexiones significativas en la vida real. Además, la falta de límites en la autopresentación puede resultar en repercusiones negativas, donde la línea entre lo personal y lo público se difumina.

Es fundamental que los jóvenes comiencen a reevaluar su relación con la privacidad en un mundo donde la vigilancia estatal es una realidad. La educación sobre la gestión de la identidad digital y la importancia de establecer límites puede ser clave. Aprender a equilibrar la necesidad de autoexpresión con la protección de la privacidad puede empoderar a los jóvenes para navegar en un entorno donde la vigilancia y la exposición son parte de la vida cotidiana.

En la era digital, la vigilancia panóptica ha encontrado un nuevo campo de aplicación en el mundo de los videojuegos, donde los jóvenes interactúan en entornos virtuales cada vez más conectados. A través de la recopilación de datos y el monitoreo del comportamiento en línea, los jugadores se convierten en sujetos de una vigilancia constante que, a menudo, no reconocen ni comprenden en su totalidad. Esta falta de conciencia puede llevar a una normalización de la vigilancia, donde los jóvenes, impulsados por el deseo de pertenencia y validación social, ignoran las implicaciones de ser observados.

5.3. La Economía de la Atención: La Búsqueda Desesperada de Likes y Su Coste

La economía de la atención se refiere a cómo las empresas tecnológicas y los creadores de contenido luchan por el tiempo y la atención de los usuarios. Cada vez que pasamos el dedo por nuestro feed o vemos un video viral, estamos participando en esta competencia. Los algoritmos están diseñados para mantenernos enganchados, lo que significa que el contenido que consumimos está cuidadosamente curado para captar nuestra atención.

En la era digital, la atención se ha convertido en el nuevo oro. Plataformas como TikTok han creado un entorno donde la búsqueda de likes y seguidores puede llevar a los creadores de contenido a hacer cosas extremas, a menudo poniendo en riesgo su seguridad y dignidad. Esta obsesión por ser vistos y reconocidos puede tener consecuencias devastadoras.

Los desafíos virales en redes sociales son un claro ejemplo de esta tendencia. Muchos jóvenes se sienten presionados a participar en retos que pueden ser peligrosos o humillantes solo por la posibilidad de volverse virales. Ha habido casos documentados de lesiones graves e incluso muertes accidentales debido a desafíos que comenzaron como simples tendencias en TikTok. La búsqueda de atención puede llevar a algunos a ignorar los riesgos, impulsados por la promesa de la fama instantánea.

Además de los riesgos físicos, muchos creadores sacrifican su orgullo y dignidad en la búsqueda de la validación social.

Un ejemplo notable es el de La Joela, un TikToker que, tras perder un desafío en un live, decidió salir desnudo en su transmisión. Este acto, que podría haber sido una forma de humor o una reacción impulsiva, rápidamente se convirtió en objeto de burla y desprecio en la plataforma. La reacción del público fue implacable, y 'la Joela' se convirtió en meme, evidenciando cómo la búsqueda de atención puede transformarse en una experiencia humillante.

Este tipo de situaciones pone de relieve una realidad inquietante: para muchos, los likes y los comentarios se han convertido en una medida de valor personal. En lugar de construir una identidad basada en lo que realmente son, algunos jóvenes se ven obligados a desempeñar papeles que van en contra de su dignidad, solo para conseguir esa validación efímera que ofrecen las redes sociales.

Algunos ejemplos que se dan de jóvenes que buscan fama a través de hacer retos demasiados extremos han llegado a perder su vida y dignidad.

Claro ejemplos de estos son los siguientes:

El 30 de julio de 2019, un youtuber chino conocido como Sun, que tenía 35 años, murió de manera impactante mientras transmitía un reto en vivo a través de DouYou, la plataforma equivalente a YouTube en China. Sun era famoso por sus videos extremos y por buscar constantemente formas de captar la atención de su audiencia, lo que lo llevó a realizar desafíos cada vez más peligrosos. En esta ocasión, decidió hacer un reto que consistía en girar una rueda con diferentes opciones de alimentos y consumir lo que le tocara. Sin embargo, lo que eligió fue bastante arriesgado: comenzó a ingerir ciempiés venenosos y salamandras vivas, acompañados de vinagre y un licor local llamado baijiu. A medida que el video avanzaba, su comportamiento parecía cada vez más extraño; los espectadores notaron que se veía incómodo y luchaba por mantenerse consciente. Mientras sus 15,000 seguidores estaban pegados a sus pantallas, Sun se desvaneció repentinamente, cayendo al suelo sin poder reaccionar. La transmisión siguió emitiéndose, revelando el momento trágico en que su novia lo encontró sin vida poco después. La policía llegó al lugar y descubrió que la cámara seguía grabando, lo que dejó a todos los espectadores en shock. DouYou, tras el incidente, decidió eliminar todos los videos del canal de Sun.

Este trágico evento subraya los peligros de los retos virales que se han hecho populares en las redes sociales. Muchos jóvenes buscan la fama rápida y la validación de sus seguidores, a menudo sin considerar las consecuencias de sus acciones. La búsqueda de "me gusta" y visualizaciones puede llevar a situaciones extremas y, como en el caso de Sun, a finales fatales.

La historia de Sun ha generado un debate sobre la responsabilidad que tienen las plataformas digitales y los creadores de contenido en la promoción de comportamientos peligrosos. A medida que los retos virales continúan proliferando en internet, es vital que tanto los creadores como los espectadores reflexionen sobre los límites de la diversión y lo que realmente están dispuestos a arriesgar por la fama.

Este tipo de situaciones pone de relieve una realidad inquietante: la búsqueda de reconocimiento en redes sociales puede llevar a decisiones extremas y peligrosas. La tendencia de tomarse fotos en lugares arriesgados no solo muestra la falta de conciencia sobre los peligros físicos, sino que también revela una cultura que valora más la apariencia que la seguridad. Los jóvenes a menudo se sienten presionados a hacer cosas que van en contra de su sentido común solo para obtener un par de likes adicionales o algunos comentarios admirativos. Esto plantea una pregunta importante: ¿hasta dónde están dispuestos a llegar por un momento de fama en línea?

El impacto de esta tendencia se extiende más allá de los individuos. La glorificación de estas acciones en redes sociales crea un ciclo en el que la gente sigue repitiendo comportamientos riesgosos en un intento de superar a los demás. Cada nuevo "reto" o "tendencia" puede volverse más extremo que el anterior, empujando a los jóvenes a situaciones de mayor peligro. La necesidad de ser visto y validado en un mundo digital puede llevar a una desconexión con la realidad, haciendo que muchos subestimen el riesgo que están tomando.

En este contexto, es crucial reflexionar sobre cómo estamos constantemente vigilados en la era digital. La presión por ser visto y reconocido puede hacer que las personas actúen de maneras que comprometen su seguridad. La búsqueda de likes puede nublar el juicio, y lo que comienza como una simple diversión puede convertirse en una experiencia traumática. Este fenómeno no solo afecta a los que buscan la fama, sino que también tiene repercusiones en su entorno, desde amigos y familiares hasta la comunidad en general.

Otro caso que se dio fue La historia de Wu Yongning, conocido como el "hombre araña chino", ilustra de manera trágica los peligros del trend conocido como rooftopping, que consiste en escalar edificios altos sin equipo de seguridad. Wu acumuló miles de seguidores en Weibo gracias a sus acrobacias temerarias y su búsqueda de retos extremos para ganar dinero y reconocimiento. Esta presión por mantener una imagen emocionante lo llevó a realizar una peligrosa hazaña en vivo, que culminó en su muerte al caer de un edificio de 62 pisos. Su tragedia resalta cómo la vigilancia social—donde los espectadores no solo observan, sino que también fomentan comportamientos arriesgados—puede influir en las decisiones de los creadores de contenido. A medida que la cultura del rooftopping continúa creciendo, es fundamental reflexionar sobre la responsabilidad de las plataformas y los creadores, así como la necesidad de priorizar la seguridad sobre la viralidad, para evitar que historias como la de Wu se repitan.

En definitiva, la tendencia de tomarse fotos en las puntas de edificios es un claro reflejo de la cultura de la autoexposición y la economía de la atención. Mientras los jóvenes buscan validación en un mundo donde los likes son moneda de cambio, es fundamental recordar que detrás de cada imagen hay un ser humano que merece cuidado y respeto. La presión por destacar puede llevar a decisiones peligrosas, y es vital fomentar una cultura que priorice la seguridad y la autenticidad por encima del reconocimiento superficial.

La economía de la atención alimenta una cultura de insatisfacción, donde la búsqueda constante de aprobación puede llevar a una sensación de vacío. Cada like recibido es un pequeño alivio, pero nunca es suficiente. Este ciclo puede provocar ansiedad, depresión y una constante necesidad de estar en el centro de atención, lo que lleva a comportamientos cada vez más extremos y, a menudo, autodestructivos.

CAPÍTULO 6
IMPLICACIONES
ETICAS Y SOCIALES
DE LA VIGILLANNCIA

Capítulo 6: Implicaciones éticas y sociales de la vigilancia

La vigilancia en la era digital ha transformado la forma en que se recopilan, analizan y utilizan los datos personales. Este capítulo se estructura en cuatro secciones que abordan las implicaciones éticas y sociales mediante esta práctica, centrándose en la privacidad, el papel del Biga Data en la recopilación de información personal y los dilemas éticos y legales que surgen en este contexto.

6.1 La ética de la vigilancia

La ética de la vigilancia se centra en los principios morales que deben guiar la recolección y uso de datos personales. A medida que las tecnologías avanzan, se vuelve esencial evaluar el balance entre los beneficios de la vigilancia (como la vigilancia y la salud pública) y los derechos individuales a la privacidad.

La ética de la vigilancia se refiere a los principios morales que rigen la práctica de observar y recopilar información sobre individuos y grupos. En este contexto, es fundamental cuestionar quién tiene el derecho de vigilar, con qué propósito y bajo qué condiciones. Según Lyon (2016), la vigilancia debe ser evaluada, no solo por su efectividad sino también por su impacto en la dignidad humana y los derechos individuos. La ética de la vigilancia implica un equilibrio entre la seguridad pública y la protección de la privacidad, donde la transparencia y las rendición de cuentas son cruciales para establecer confianza en las instituciones que implementan prácticas de vigilancia.

Según Perplexity AI (2024) Algunos de los principios éticos clave son:

Transparencia: Las organizaciones deben ser claras sobre qué datos recopilan, con qué propósito y cómo se utilizarán. La falta de transparencia puede erosionar la confianza pública, pues la OMS (2024) argumenta que 'en ausencia de confianza, [las personas[no comunicarán información personal o, de hacerlo, esta será poco fiable. Si en la vigilancia (en este caso, de la salud pública) se tratan con antelación las cuestiones éticas problemáticas y se intentan reducir de forma proactiva los riesgos innecesarios, se habrá hecho mucho para ganarse la confianza de las poblaciones afectadas y para mantenerla'.

De igual manera menciona que 'Las organizaciones u organismos encargados de la vigilancia de la salud pública deben tener en cuenta los valores, las preocupaciones y las prioridades de la población de manera transparente. Las comunidades no se pueden implicar si no tienen forma de conocer las ventajas y los riesgos (o los posibles efectos negativos) de la vigilancia.'

Consentimiento: Es fundamental obtener el consentimiento informado de los individuos antes de recopilar sus datos. Esto implica que las personas deben ser plenamente conscientes de cómo se utilizará su información. En este sentido, la OMS (2024) señala que 'Los principales valores de referencia de la ética de la investigación son la autonomía, el carácter privado y la confidencialidad. ' y 'En ocasiones, los datos registrados durante la vigilancia, como los nombres y direcciones, permiten identificar a los individuos. El uso de identificadores únicos (por ejemplo, números en lugar de nombres) es una forma de evitar la divulgación involuntaria de la identidad de las personas. Otro método es el «enmascaramiento geográfico», que sirve para conservar un registro de los datos esenciales sobre la distribución de los casos pero no permite conocer la localización exacta de los conglomerados de casos. La evaluación de los instrumentos jurídicos que protegen a aquellas personas que pueden sufrir más perjuicios es otra estrategia para asegurarse de que existen amplios dispositivos de protección social antes de la vigilancia.'

Proporcionalidad: La recolección de datos debe ser proporcional al objetivo que se busca alcanzar. No se debe recopilar más datos de los necesarios para cumplir con un propósito específico.

6.2 Implicaciones éticas de la vigilancia ubicua

Antes de iniciar con las implicaciones éticas de la vigilancia ubicua hay que entender el concepto de vigilancia ubicua.

La vigilancia ubicua se refiere a la capacidad de observar y recopilar datos en cualquier momento y lugar, gracias a tecnologías como smartphones, cámaras de seguridad y dispositivos de Internet de las Cosas (IoT). Esta forma de vigilancia plantea serias implicaciones éticas. Foucault (2002) menciona que la presencia constante de dispositivos de monitoreo puede crear un ambiente de ansiedad y autocensura, donde los individuos se sienten obligados a modificar su comportamiento por el temor a ser observados. Además, Zuboff (2019) argumenta que la vigilancia ubicua puede erosionar la privacidad, un derecho fundamental, llevando a una normalización de la exposición y la falta de espacios seguros para la intimidad. Esta vigilancia plantea preocupaciones éticas y un impacto en la privacidad.

La constante supervisión puede llevar a una erosión significativa de la privacidad personal. Las personas pueden sentir que no tienen control sobre su información, lo que puede resultar en un estado de ansiedad y desconfianza hacia las instituciones.

La aceptación generalizada de la vigilancia puede llevar a una normalización del monitoreo en diversas esferas de la vida, desde el trabajo hasta el hogar. Esto puede cambiar las normas sociales sobre lo que se considera aceptable en términos de privacidad como lo menciona la OPS (2017), 'Existen muchos tipos diferentes de daños: económico, legal, psicológico, social (así como a la reputación) y físico. Todos ellos deberían considerarse en relación con la vigilancia (70-72). Por ejemplo, a través de la vigilancia, podría identificarse a un migrante o una persona de otro grupo desfavorecido como un individuo en mayor riesgo de padecer una enfermedad infecciosa, lo cual podría conducir a la estigmatización del grupo. La información relevante debe manejarse muy cuidadosamente: la reputación puede dañarse rápidamente, y los resultados pueden ser devastadores en todo un espectro que puede incluir tipos de daños todavía no documentados (73). Diversos valores morales y principios éticos deben sopesar y equilibrarse entre sí, y debe llegarse a una conclusión en cuanto a la distribución justa de las cargas y los beneficios en las diferentes iniciativas o sistemas de vigilancia de una manera transparente.'

6.3 Big data y la recopilación masiva de información personal

El auge del Big Data ha permitido a organizaciones recopilar y analizar grandes volúmenes de información personal. Si bien esto puede ofrecer beneficios significativos, como mejoras en servicios públicos y atención médica personalizada, también plantea serias preocupaciones éticas.

El 'Big Data' se refiere a la recopilación y análisis de grandes volúmenes de datos, a menudo, en tiempo real. Si bien esta práctica puede ofrecer beneficios significativos, como la mejora de servicios y la identificación de patrones, también plantea serias preocupaciones éticas. Fernández (2017) dice que, ' El big data como tendencia surge, pues, cuando la industria se da cuenta de que no puede almacenar ni manejar la información de manera convencional; es por lo tanto, un paso lógico en el proceso del uso de las TIC.'

Regan (1995), menciona que la recopilación masiva de información personal, a menudo, se realiza sin el consentimiento informado de los individuos, lo que plantea preguntas sobre la autonomía y el control sobre los propios datos. Asimismo, Cohen (2012) dice que el uso de algoritmos para procesar estos datos puede perpetuar sesgos existentes y discriminar a ciertos grupos, lo que resalta la necesidad de una regulación más estricta y de prácticas más éticas en el manejo de datos.

Algunos riesgos asociados al Big Data son:

Discriminación algorítmica: Los algoritmos pueden perpetuar sesgos existentes si se alimentan con datos sesgados, lo que puede resultar en decisiones injustas en áreas como empleo, crédito o atención médica.

Falta de Control: Los individuos a menudo carecen del control sobre sus datos una vez que son recopilados. Esto puede llevar a situaciones donde su información es utilizada sin su conocimiento o consentimiento.

Seguridad de Datos: La recopilación masiva aumenta el riesgo de violaciones de seguridad, exponiendo información sensible a ataques cibernéticos.

6.4 Dilemas éticos y legales en la era digital

La era digital presenta una serie de dilemas éticos y legales relacionados con la vigilancia. A medida que las tecnologías evolucionan más rápido que las leyes que las regulan, surgen desafíos significativos. Cohen (2012) señala que uno de ellos, es la falta de legislación adecuada que proteja la privacidad de los individuos en un entorno donde los datos se recopilan de manera tan extensiva. Las regulaciones, como el Reglamento General de Protección de Datos (GDPR) en Europa, han comenzado a abordar estos problemas, pero aún queda un largo camino por recorrer. Además, la rápida evolución de la tecnología a menudo supera la capacidad de las leyes para adaptarse, lo que crea un vacío normativo. Este contexto plantea preguntas sobre la responsabilidad de las empresas y los gobiernos en la protección de los derechos de los ciudadanos, así como la necesidad de un marco legal que garantice la transparencia y la equidad en las prácticas de vigilancia.

Algunos de los desafíos legales es la regulación inadecuada, pues, a pesar de haber muchas leyes existentes, no están equipadas para abordar los complejos problemas asociados con la vigilancia digital, lo que crea un vacío legal que puede ser explotado por las organizaciones. Por otro lado, están las jurisdicciones confusas ya que, el carácter global del internet complica aún más el cumplimiento legal, debido a que diferentes países tienen diferentes estándares sobre privacidad y protección de datos.

Entre las consideraciones éticas esta la responsabilidad corporativa de las empresas, pues estas deben asumir responsabilidad por cómo utilizan los datos personales. Esto incluye implementar prácticas éticas en el manejo de información sensible. También, la vigilancia no debe comprometer los derechos humanos fundamentales, pues es esencial garantizar que las prácticas de vigilancia respeten estos derechos y no conduzcan a abusos.

Es decir, las implicaciones éticas y sociales en la era digital son complejas y multifacéticas, pues requieren una consideración cuidadosa y crítica. Es fundamental establecer un marco ético sólido que guíe las prácticas de recolección y uso de datos personales, garantizando así un equilibrio entre seguridad pública y respeto por los derechos individuales. Es esencial que la sociedad aborde estos desafíos promoviendo la concientización de este, pues la vigilancia debe de ser una herramienta para la seguridad y el bienestar, no el medio para el control y la opresión.

RESISTENCIA
AL PANÓPTICO DIGITAL

CAPÍTULO 7

Capítulo 7: Resistencia al panóptico digital

La internalización de este control social genera un profundo impacto en la conducta individual, llevando a la conformidad, la ansiedad y la desconfianza en las relaciones interpersonales. Sin embargo, a medida que la vigilancia se convierte en una norma, también surge una resistencia significativa. A través de la concienciación sobre la privacidad, el uso de tecnologías de protección de datos y el activismo colectivo, los individuos encuentran formas de oponerse a la vigilancia y reclamar su autonomía.

Una de las formas más efectivas de resistencia al panóptico digital es la concienciación sobre las prácticas de vigilancia y la educación en privacidad digital. A medida que más personas se informan sobre cómo se recopilan, utilizan y comparten sus datos, comienzan a cuestionar la normalización de la vigilancia. Esta conciencia puede llevar a cambios en el comportamiento, como el uso de configuraciones de privacidad más estrictas en redes sociales, la elección de plataformas que priorizan la seguridad de los datos y el uso de herramientas de cifrado. La educación digital empodera a los usuarios para que tomen decisiones informadas sobre su presencia en línea, desafiando así el control que ejercen las corporaciones y los gobiernos.

La resistencia al panóptico digital también se manifiesta en el uso de tecnologías diseñadas para proteger la privacidad. Herramientas como navegadores enfocados en la privacidad (como Tor), aplicaciones de mensajería cifrada (como Signal) y extensiones de navegador que bloquean rastreadores (como uBlock Origin) son ejemplos de cómo los individuos pueden protegerse de la vigilancia. Estas tecnologías permiten a los usuarios navegar por el mundo digital con un mayor sentido de seguridad, dificultando la capacidad de vigilancia de actores externos. El uso de VPNs (redes privadas virtuales) también se ha popularizado como una forma de ocultar la actividad en línea y evadir el monitoreo.

Algunas de estas aplicaciones son Signal, NordVPN o ExpressVPN, Brave o Firefox Focus, DuckDuckGo, Jumbo privacy, etc. Estas aplicaciones ayudan a gestionar la privacidad en redes sociales y otros servicios en línea,bloquean anuncios y rastreadores de manera predeterminada o sirven para eliminar rastro de información personal.

Algunos usuarios de Instagram han promovido el uso de herramientas de bloqueo de rastreadores y navegadores privados para proteger su información personal. Además, han compartido información sobre cómo activar las opciones de privacidad en sus cuentas, como desactivar el seguimiento de ubicación o limitar quién puede ver sus historias.

La resistencia al panóptico digital no se limita a acciones individuales; también se manifiesta en movimientos colectivos y activismo. Grupos como Electronic Frontier Foundation (EFF) y Privacy International trabajan para abogar por políticas que protejan la privacidad y la libertad en el entorno digital. Estas organizaciones sensibilizan al público sobre las implicaciones de la vigilancia y luchan contra legislaciones que amenazan la privacidad. Además, las protestas y campañas en línea han surgido para desafiar la vigilancia estatal y corporativa, creando conciencia sobre la importancia de la privacidad como un derecho humano.

Ahora se logra apreciar que en TikTok, creadores de contenido han comenzado a hacer "videos informativos" que explican cómo proteger la privacidad en línea. Por ejemplo, algunos usuarios publican tutoriales sobre cómo ajustar la configuración de privacidad en la aplicación, ayudando a otros a ser más conscientes sobre el uso de sus datos.

La resistencia también se expresa a través de subculturas digitales que desafían las normas establecidas. Desde el uso de memes y el humor para criticar la vigilancia hasta plataformas descentralizadas que promueven la privacidad, estas formas de contracultura digital crean un espacio para la disidencia.

En YouTube, ha surgido un movimiento en torno a la desmonetización y la censura de contenido que aborda temas de vigilancia y privacidad. Creadores como "ContraPoints" y "Philosophy Tube" han utilizado sus plataformas para criticar las políticas de las grandes corporaciones en torno a la privacidad, promoviendo la idea de que los usuarios deben tener más control sobre sus datos.

DeleteFacebook, esto surgió en respuesta a preocupaciones sobre la privacidad y el uso indebido de datos por parte de la plataforma. Muchas personas decidieron eliminar sus cuentas de Facebook como una forma de protesta colectiva contra la vigilancia y el control de datos personales.

La resistencia al panóptico digital implica un rechazo a la normalización de la vigilancia. A medida que la vigilancia se convierte en una parte aceptada de la vida cotidiana, las personas comienzan a cuestionar esta aceptación. La resistencia puede manifestarse en la negativa a participar en plataformas que sacrifican la privacidad por la conveniencia, así como en la crítica a la cultura del "compartirlo todo". Este rechazo a la normalización invita a una reflexión más profunda sobre el costo de la vigilancia en la libertad individual y la autonomía.

En TikTok, hay una tendencia de videos que critican la cultura del "contenido perfecto". Los usuarios están promoviendo la autenticidad y la vulnerabilidad, compartiendo experiencias personales e imperfectas para desafiar la presión de conformarse a estándares de belleza o éxito impuestos por la plataforma. Esto se traduce en un rechazo a la vigilancia social y a la necesidad de proyectar una imagen idealizada.

Estos ejemplos en plataformas como TikTok, YouTube e Instagram ilustran cómo los usuarios están tomando medidas para resistir la vigilancia digital. A través de la educación, la promoción de la autenticidad, el activismo colectivo y el rechazo a la normalización de la vigilancia, los individuos están desafiando las dinámicas de control y reclamando su derecho a la privacidad en un entorno cada vez más vigilado.

7.1 Vigilancia estatal y control social.

Imagina que cada vez que compartes algo en las redes sociales, hay un 'ojo' invisible que te observa. Esa es la esencia de la vigilancia estatal pues los gobiernos y las instituciones utilizan tecnología para monitorear lo que los individuos hacen, dicen y, en algunos casos, incluso lo que piensan. Aunque puede parecer una película de ciencia ficción, es más real de lo que crees.

Funciona de distintas maneras, pues existen tecnologías de vigilancia y control social, empezando por las cámaras en todos lados, desde las calles hasta las tiendas, las cámaras están por todas partes. Estas no solo graban, sino que muchas veces usan inteligencia artificial para analizar comportamientos y detectar 'actividades sospechosas'. Al igual que cada vez que se utiliza una app o se navega por internet, se deja un rastro de datos. Este "big data" puede ser utilizado para perfilar a cada sujeto, lo que significa que saben quién es cada persona y qué le gusta, incluso antes de que estos lo sepan.

Es importante porque tiene un impacto significativo en la libertad, la vigilancia estatal puede amenazar la libertad de expresión de las personas. Pues, en ocasiones, pueden llegar a sentir que sus palabras y acciones están siendo vigiladas, por lo que optarían por no compartir sus pensamientos o no mostrarse en general, generando un empobrecimiento del diálogo y limitar la diversidad de ideas.

Cuando los individuos se sienten amenazados, consideran que la vigilancia se convierte en una norma, creando un ambiente en el que todos se sienten inseguros y en desconfianza, por lo que conduce a que las personas eviten discutir temas de importancia, como política o justicia social, por miedo a la repercusión; creando una cultura del miedo.

7.2 El rol de la legislación de datos personales.

Imagina que cada vez que usas tu teléfono o navegas por internet, dejas una huella digital. Esas huellas son tus datos: fotos, mensajes, búsquedas, gustos y más. Ahora bien, ¿qué pasaría si te dijera que, a menudo, estas huellas son recolectadas por empresas y gobiernos sin que te des cuenta? Aquí es donde entra en juego la legislación de datos personales, un conjunto de reglas que protege tu privacidad en el vasto océano digital.

Actualmente, se vive en un mundo hiperconectado. Desde las redes sociales hasta las aplicaciones de streaming, se comparte información personal constantemente. El objetivo de la legislación de datos personales es garantizar que los datos personales sean tratados con respeto y que las personas tengan el control sobre ellos.

Uno de los principios clave de la legislación de datos es el "consentimiento informado". Esto significa que las empresas deben pedir permiso a las personas antes de usar sus datos personales. No solo ello, sino que debe haber una explicación de manera clara y sencilla de cómo serán utilizados.

La legislación de datos personales otorga el "derecho a saber". Esto significa que cada individuo tiene el derecho de preguntar a las empresas qué datos tienen sobre ellos y cómo los están utilizando. Este derecho no sólo empodera a las personas; también fomenta la transparencia. Las empresas saben que pueden ser cuestionadas, lo que las motiva a ser más cuidadosas con la información que manejan.

A veces, los datos personales pueden ser incorrectos, es por ello que la legislación otorga el "derecho a corregir" esos datos. Si se encuentra información errónea, se puede solicitar que se corrija. Esto es especialmente importante en situaciones como la búsqueda de empleo, donde una simple inexactitud puede afectar al futuro de las personas.

Mantener la precisión de los datos es crucial. En un mundo donde las decisiones se toman cada vez más en base a algoritmos, asegurarse de que la información personal de cada persona es correcta es vital para proteger sus oportunidades y su reputación.

De igual manera, la legislación de datos personales también establece normas sobre cómo las empresas deben proteger dicha información. Esto incluye implementar medidas de seguridad para evitar que hackers accedan a los datos. Pensándolo como un escudo digital, las empresas están obligadas a invertir en seguridad para proteger la información de muchos; lo que reduce el riesgo de filtraciones de datos que podrían poner en peligro la privacidad de los individuos.

Las leyes no solo protegen a los usuarios; también hacen que las empresas sean responsables. Si una empresa no cumple con las regulaciones, puede enfrentar sanciones severas. Esto crea un incentivo para que las empresas manejen los datos de manera ética. Este enfoque promueve un cambio en la cultura empresarial.

A medida que la tecnología avanza, la legislación de datos personales se vuelve aún más relevante. Con la llegada de nuevas tecnologías, como la inteligencia artificial y el big data, es crucial que las leyes se adapten para abordar los desafíos emergentes. Es de vital importancia que los jóvenes se informen sobre sus derechos y cómo pueden proteger su información. Conocer la legislación te empodera para navegar en el mundo digital con confianza y seguridad.

7.3 Futuro de la vigilancia digital.

Estás en una cafetería con tus amigos, disfrutando de un café y compartiendo memes. Todo parece normal, ¿verdad? Pero aquí está la cuestión: mientras te ríes, tu smartphone está recopilando datos sobre ti: qué te gusta, con quién te juntas, incluso tus emociones en ese momento. La tecnología avanza a pasos agigantados, y la vigilancia digital se está convirtiendo en parte de nuestro día a día, casi sin que nos demos cuenta. Pero, ¿qué significa realmente esto para nosotros, los jóvenes que crecimos en un mundo hiperconectado?

Con el auge de la inteligencia artificial y el análisis de datos, las plataformas están aprendiendo más sobre nosotros los humanos, que ellos mismos. A medida que se comparte cada momento, desde platillos de comida hasta los pensamientos más profundos (sí, incluso en esos memes que parecen tan graciosos), se deja un rastro digital que puede ser analizado y utilizado de formas de las no se es consciente.

La educación autodidacta es la mejor opción en lugar de deslizarse sin pensar por las redes sociales, aprender sobre cómo funcionan los algoritmos, qué son las burbujas de filtro y cómo los datos son utilizados. Existen recursos en línea, desde tutoriales hasta documentales, que desglosan estos conceptos en un lenguaje que simplifica el entendimiento de estos. Educarse es empoderarse. Cuanto más se sepa, más capaces de tomar decisiones informadas sobre lo que se comparte y cómo se interactúa en el mundo digital se tendrán.

En cuestión de la privacidad. Cada foto, publicación o compartido se convierte en un dato valioso que las empresas pueden vender. Entonces ajustar quién puede ver dichas publicaciones o dejar de dar acceso a aplicaciones innecesarias puede marcar una gran diferencia.

Es fundamental crear una comunidad. Hacer que el tema de la vigilancia digital sea parte de las conversaciones cotidianas puede ser un cambio de juego. Organizar charlas en la escuela o en grupos de amigos sobre experiencias con la privacidad en línea no solo ayuda a reflexionar, sino que también crea conexiones. Se puede compartir consejos sobre cómo proteger los datos o discutir noticias sobre la privacidad personal.

El futuro de la vigilancia digital también tiene la oportunidad de innovar, desde campañas en redes sociales, hasta videos virales que expliquen cómo proteger la privacidad. Las plataformas sociales pueden ser utilizadas para generar conciencia, creando hashtags, publicaciones o trends que llamen la atención al público para cuidar de su privacidad.

Es fundamental reconocer que también existe la capacidad de exigir cambios en el ámbito de la privacidad digital. Las voces de los jóvenes han demostrado ser extraordinariamente influyentes, como se ha evidenciado en movimientos relacionados con el cambio climático, donde la unión ha llevado a que los líderes presten atención. Por lo tanto, se plantea la posibilidad de aplicar esta misma fuerza colectiva en el contexto de la privacidad digital. Esto puede lograrse mediante la firma de peticiones, la participación en protestas y la presión sobre las empresas para que actúen con mayor transparencia respecto al uso de los datos personales.

Aunque el futuro de la vigilancia digital puede parecer complicado, no se está atrapado en esta situación. A través de la educación, la protección de la privacidad, el establecimiento de conexiones con otros y la exigencia de cambios, es posible transformar este panorama. Es momento de tomar el control de la narrativa digital y de asegurar que las voces sean escuchadas en el mundo que se está construyendo.

Referencias bibliográficas

Altium. (2024). Controlando el Futuro: 7 Tendencias en Sistemas de Control Industrial.
https://resources.altium.com/es/p/controlling-future-7-trends-industrial-control-systems

Bartolomé, M. (2021). Redes sociales, desinformación, cibersoberanía y vigilancia digital:
una visión desde la ciberseguridad. RESI: Revista de estudios en seguridad
internacional, 7(2), 167-185.
https://dialnet.unirioja.es/servlet/articulo?codigo=8306043

Carrasco Díaz-Masa, S. (2021). EL USO DE LAS TECNOLOGÍAS PARA EL CONTROL
SOCIAL POR LOS GRUPOS DE PODER . SCIO: Revista De Filosofía, (20), 63–91.
https://doi.org/10.46583/scio_2021.20.816

Cohen, J. E. (2012). Configuring the networked self: Law, code, and the play of everyday
practice. Yale University Press.
https://books.google.es/books?hl=es&lr=&id=_FnQDjthDpsC&oi=fnd&pg=PP2&dq=
Configuring+the+Networked+Self:+Law,+Code,+and+the+Play+of+Everyday+Practi
ce.&ots=xnCLvEcYDS&sig=z_tOzcB50n0hwVOzX8b7242Lf98

Datos101. (s.f.). Vigilancia Digital: Cómo Anticiparnos A Los Ciberdelincuentes.
https://www.datos101.com/blog/vigilancia-digital/

Fernández, P. (Ed.). (2017). *Big data: Eje estratégico en la industria audiovisual.* Editorial
uoc.
https://books.google.es/books?hl=es&lr=&id=WOc8DgAAQBAJ&oi=fnd&pg=PT3&
dq=Big+data:+eje+estrat%C3%A9gico+en+la+industria+audiovisual.+&ots=PLdWw

VbyfL&sig=BCdkntp1vaKgWSrMqETF_YDT3Ck#v=onepage&q=Big%20data%3A
%20eje%20estrat%C3%A9gico%20en%20la%20industria%20audiovisual.&f=false

Foucault, M. (2002). *Vigilar y castigar: nacimiento de la prisión.* Siglo xxi.
https://dialnet.unirioja.es/descarga/articulo/4899437.pdf

Foucault, M. (1980). *El ojo del poder. La piqueta. España.*
https://campusacademica.rec.uba.ar/pluginfile.php?file=%2F988701%2Fmod_folder
%2Fcontent%2F0%2FMICHEL%20FOUCAULT%20EL%20OJO%20DEL%20POD
ER%7D.pdf&forcedownload=1

García y García, M. (2019). Sobre el panóptico: Bentham, Foucault y Han. Reflexiones
Marginales, 50. cita en apa al autor de este link:
https://revista.reflexionesmarginales.com/sobre-el-panoptico-bentham-foucault-y-han/

Gutiérrez Zurdo, M. (2019). El panóptico de Foucault en la sociedad actual: tecnologías de la
información y de la comunicación.
https://uvadoc.uva.es/bitstream/handle/10324/36903/TFG-N.1096.pdf?sequence=1

Han, B. C. (2024). En el enjambre. Herder Editorial.
https://books.google.es/books?hl=es&lr=&id=IFQCEQAAQBAJ&oi=fnd&pg=PT54
&dq=El+enjambre+Han&ots=2seSuBS4pd&sig=vuOR44Rj5Yx354X9JwHck8GTDu
M

Hortal, P. (2018). Transformación: Tecnología y control social. Facthum.
https://facthum.com/transformacion-tecnologia-y-control-social/

Lyon, D. (2016). As apostas de Snowden: desafios para entendimento de vigilância hoje.
https://www.semanticscholar.org/paper/As-apostas-de-Snowden%3A-desafios-para-en
tendimento-Lyon/adc5a21beaa211cbf6b2ec083c2ac58403cc14e0

Lyon, D. (2018). Review of Lyon's The Culture of Surveillance: Watching as a Way of Life. Surveillance & Society. https://www.semanticscholar.org/paper/The-culture-of-surveillance%3A-watching-as-a-way-of-Bryan/5172fcfe61b98c9e91e38e493dd527f2e9885422

Marwick, A. E. (2013). Status update: Celebrity, publicity, and branding in the social media age. Yale University Press. https://books.google.es/books?hl=es&lr=&id=xcrYAQAAQBAJ&oi=fnd&pg=PA1&dq=info:EQvgZXcOQbwJ:scholar.google.com/&ots=G1lZTY2Y1S&sig=nPSD07fQaZJy4v2uZQ5Twq5iyGc#v=onepage&q&f=false

OSHA (2022). Tecnologías de control: ¿La búsqueda del bienestar del Siglo XXI?. https://oshwiki.osha.europa.eu/es/themes/monitoring-technology-21st-centurys-pursuit-wellbeing

Organización Mundial de la Salud (OMS). (2024). Ética de la vigilancia de la salud pública. https://www.who.int/es/news-room/questions-and-answers/item/q-a-ethics-in-public-health-surveillance

Organización Panamericana de la Salud (OPS). (2017). Las tecnologías de la información y la comunicación en la formación de recursos humanos para la salud: Experiencias innovadoras en América Latina y el Caribe. Washington, D.C.: OPS. https://iris.paho.org/bitstream/handle/10665.2/34499/9789275319840-spa.pdf

Pariser, E. (2011). The filter bubble: What the internet is hiding from you. Penguin Press. https://books.google.es/books?hl=es&lr=&id=-FWO0puw3nYC&oi=fnd&pg=PT24&dq=info:wgpXIqrJMsEJ:scholar.google.com/&ots=g6JoCpyPQZ&sig=B7N2wuqdSd9w0PrLndE_SjQvx-s#v=onepage&q&f=false

Ramonet, I., Assange, J., Chomsky, N., & Sacristán, M. (2016). *El imperio de la vigilancia.* Madrid: Clave intelectual. https://www.eldiplo.org/wp-content/uploads/2018/files/7114/6040/1796/INTRODUCCION.pdf

Regan, P.M. (1995). Legislating Privacy: Technology, Social Values, and Public Policy. The Handbook of Privacy Studies. https://www.semanticscholar.org/paper/Legislating-Privacy%3A-Technology%2C-Social-Values%2C-and-Regan/bcb4dcd6f427c845880a183ddb58fd860b8448c8

Rubio, C. A. (2020). La red social Facebook como dispositivo de control. Una mirada desde la filosofía de Foucault. *Sincronía,* (77), 165-180. https://www.redalyc.org/journal/5138/513862147008/html/

Turkle, S. (2011). Alone together: Why we expect more from technology and less from each other. Basic Books. https://www.semanticscholar.org/paper/Alone-Together%3A-Why-We-Expect-More-from-Technology-Turkle/57f3a16a88d74fbd4873112177228a21309f001f

Zuboff, S. (2020). *La era del capitalismo de vigilancia: La lucha por un futuro humano en la nueva frontera del poder.* http://d.d.org/10.1007/s001-020-01100-0

yes
I want morebooks!

Buy your books fast and straightforward online - at one of world's fastest growing online book stores! Environmentally sound due to Print-on-Demand technologies.

Buy your books online at
www.morebooks.shop

¡Compre sus libros rápido y directo en internet, en una de las librerías en línea con mayor crecimiento en el mundo! Producción que protege el medio ambiente a través de las tecnologías de impresión bajo demanda.

Compre sus libros online en
www.morebooks.shop

Printed by Books on Demand GmbH, Norderstedt / Germany